W0074752

hänssler

Inhalt

Geht es Ihnen nicht auch so? Über manch einen Themenbereich würde man gerne als Normalbürger Bescheid wissen (oder muss es vielleicht sogar). Doch was die Fachleute schreiben, ist im Normalfall zu kompliziert und zu umfangreich. Wer hat schon Zeit, sich in jedes Thema wochenlang einzuarbeiten!? Hier wollen wir Hilfestellung leisten. In *Hänssler kurz und bündig* geben Fachleute, die sich mit einem Thema schon seit Jahren intensiv beschäftigen, kurz und verständlich einen Überblick über das, was man wissen muss, wenn man Bescheid wissen will und mitreden können möchte.

Dabei enthält jeder Band der Reihe *Hänssler kurz und bündig* die folgenden Elemente:

- Fakten und Basisinformationen
- die Diskussion kontroverser Fragen
- praktische Hilfen und Hinweise zum Weiterarbeiten

All das ist so angelegt, dass der Leser sich in zwei bis drei Stunden (also etwa statt des Abendkrimis oder auf einer Zugfahrt) ein Thema in seinen Grundlagen aneignen kann. Die Anwendung im Leben oder das anschließende Gespräch mit anderen wird dann aber sicher etwas länger dauern ...

Ich würde mir wünschen, dass dieser kleine Band Ihren Horizont erweitern kann und die Informationen liefert, die Sie suchen.

Thomas Schirrmacher

Vorwort des Herausgebers

Unser Körper ist oft schlauer als wir selbst und legt uns auf eine Weise lahm, die den größten Erholungseffekt verspricht, wenn wir ihn und unsere Seele pausenlos überfordern. Dauerseelsorger, die das ständige Anhören der Probleme anderer nie aufarbeiten, können plötzlich nicht mehr hören, Manager, die international unterwegs sind, können plötzlich nicht mehr im Flugzeug sitzen. Bei mir war es vor 15 Jahren ein massiver Bandscheibenvorfall, der mich aus einem 15-Stunden-Tag-Leben eines spannenden und erfüllten Arbeitslebens riss und drei Monate völlig lahmlegte. Nur weil ich noch nicht einmal ein Buch oder einen Telefonhörer halten konnte, schaltete ich völlig ab und begann, mein Leben neu zu ordnen.

Bis dahin war Freizeit immer das Letzte, was ich einplante, und fiel je mehr hintenüber, je voller mein Kalender wurde. Sie war auch aus Gewohnheit das Letzte am Tag, sollte also abends stattfinden, obwohl ich längst die meisten Abende beruflich eingespannt oder auf Reisen war. Heute plane ich meine Freizeit und die Plauderzeit mit meiner Frau als Erstes im Jahr und am Tag. Oft beginnt mein Tag mit Freizeitaktivitäten, denn auch dann komme ich immer noch leicht auf einen 10/12-Stunden-Tag. Aber wenn es nicht reicht oder etwas dazwischenkommt, fällt Arbeit hintenherunter, nicht Erholung, Aufarbeiten und Nachdenken.

Dies Buch soll helfen, zu verstehen, warum das Thema Burnout jeden betrifft, nicht nur den, der es bereits hat. Es soll helfen, den eigenen Alltag zu überdenken und lieber früher als später die gelungene Balance zwischen Anspannung und Laufenlassen, zwischen Für-Andere-Dasein und An-Sich-Selbst-Denken, zwischen Fleiß und Faulenzen zu finden. Es geht um zwei Stunden, die Ihnen vielleicht helfen, Tausende Stunden fit und fröhlich zu bleiben.

Thomas Schirrmacher

I. Definition und Zustande- kommen von Burnout

1. Was unter »Burnout« zu verstehen ist

»Burnout«, so wie wir den Begriff heute verstehen, ist eine moderne Wortschöpfung. In der Technik bedeutet es eine Materialermüdung als Folge von Überbeanspruchung und vernachlässigter Pflege. Ursprünglich wurde der Begriff »Burnout« im Sinne von »Ausbrennen« nur in bestimmten Bereichen der Technik verwendet. So bezeichnete man in den USA zum Beispiel das Durchbrennen einer Sicherung oder das Ausbrennen einer Raketenstufe als Burnout, und auch das Durchbrennen von Reaktorstäben wurde so genannt.

Burnout im psychologischen Sinn ist die typischste aller Störungen durch Stress, denn es handelt sich schlicht und einfach um *körperliche, emotionale, geistige* und *geistliche* Erschöpfung als Resultat eines chronischen Ungleichgewichts: Die persönlichen Herausforderungen entsprechen nicht dem eigenen Kräftehaushalt oder – mit etwas anderer Nuancierung – Aufwand und Erwartung in Bezug auf die eigene Leistung sind im Vergleich zum tatsächlich erzielten Effekt unverhältnismäßig hoch. Kurz gesagt: Burnout entsteht dadurch, dass jemand über einen langen Zeitraum hinweg mehr gibt, als er empfängt. Entsprechend wurde das Problem schon von dem deutsch-amerikanischen Psychoanalytiker Herbert Freudenberger definiert, der dafür 1974 den Begriff »Burnout« verwendete. In Dichtungen und Romanen tauchte der Begriff allerdings früher schon des Öfteren im psychologischen Sinn auf. Der wahrscheinlich älteste schriftliche Beleg, der nicht nur den Zustand einer seelischen und körperlichen Erschöpfung beschreibt, sondern diesen auch *to burn out* nennt, findet sich 1599 bei Shakespeare.[1] Erstaunlich genaue Beschreibungen des Burnout-*Zustands* finden sich öfter, z. B. in Thomas Manns »Buddenbrooks«.

Womöglich ist die Sache selbst so alt wie die Menschheit. Bereits im Alten Testament kann man fündig werden: Im ersten und zweiten Buch der Könige erfahren wir, dass sich schon der Prophet Elia in einem körperlichen, emotionalen und geistigen Erschöpfungszustand befand.

Im Jahr 2004 konnte man lesen, dass zwei Millionen Deutsche am Burnout-Syndrom leiden sollen. Aber solche Zahlenangaben sagen bei Burnout nicht viel mehr, als dass sehr viele Menschen davon betroffen sind. Denn es ist schwierig, die Symptomatik einzugrenzen. Die Überlappung mit dem Krankheitsbild des Chronischen Müdigkeitssyndroms ist groß, und noch größer ist die Schnittmenge mit den an reaktiver Depression Erkrankten.

Burnout ist nicht dasselbe wie Depression, weil das Zustandekommen von Depression ganz andere Gründe haben kann als das Zustandekommen von Burnout. Aber die Endstufen des Burnout[2] tragen die Züge einer klinischen Depression. Bei einem Burnout auf der letzten Stufe ist generell eine mittelschwere oder schwere Depression diagnostizierbar.

Die wissenschaftlichen Versuche einer Definition von Burnout sind entweder sehr umfassend oder ausgesprochen spezifisch, sodass auf sie in diesem Buch nicht im Detail eingegangen werden kann. Während es für Depression klar benannte Kriterien gibt, unterscheiden sich die Definitionen von Burnout zudem beträchtlich. Schon in den achtziger Jahren des vorigen Jahrhunderts zählte man in der noch jungen Burnout-Forschung über 48 verschiedene Definitionen, die sich zum Teil sogar widersprachen. Man spricht zudem auch vom Burnout-*Syndrom*, was heißt, dass es hier um einen Symptomen*komplex* geht. Die einzelnen Symptome des Burnout divergieren auch von Fall zu Fall. Matthias Burisch, ein führender Erforscher des

Phänomens, hat in der Literatur 130 verschiedene Burnout-Symptome gefunden. Keines davon tauge seiner Meinung nach für eine klare Definition.[3] In der Internationalen Klassifikation der Krankheiten (ICD-10) wird »Ausgebranntsein (Burnout)« nicht unter den psychischen Störungen aufgeführt, sondern in der Kategorie der »Faktoren, die den Gesundheitszustand beeinflussen und zur Inanspruchnahme des Gesundheitswesens führen« und dort wiederum in der recht allgemein definierten Unterkategorie »Probleme mit Bezug auf Schwierigkeiten bei der Lebensbewältigung«.

Wenn ein Mensch ausbrennt, kann sich das (zunächst) auf einzelne Lebensbereiche beschränken. Das muss keineswegs immer der Beruf sein: »Viele, die im Beruf ausbrennen, genießen ihr Familienleben und ihre privaten Aktivitäten. Andere fühlen sich ausgebrannt, weil ihre familiären Beziehungen auseinanderbrechen, erleben aber im Beruf glückliche Momente und Gefühle des Stolzes und der Bedeutung.«[4] »Das Ausbrennen in der Ehe ist so verbreitet wie der Überdruß im Beruf.«[5] Burnout ist eine sehr verbreitete Ursache für Scheidungen. »Genau wie im Beruf vollzieht sich auch das Ausbrennen in der Ehe allmählich.«[6]

Wir beschränken uns in diesem Buch weitestgehend auf das Phänomen des beruflichen Ausbrennens. Aber wie ein Feuer immer weiter um sich greift, wenn es nicht eingedämmt wird, tendiert natürlich auch das Ausbrennen dazu, sich von einem Lebensbereich auf den nächsten zu übertragen.

Das Typische am Burnout ist eher das Zustandekommen als das Resultat. Kennzeichnende Voraussetzungen dafür sind:

1. übermäßiger Leistungsstress
2. eine überdurchschnittliche Neigung dazu, sich diesen Stress zu »machen« oder »machen zu lassen«

Das betrifft vor allem sehr motivierte, einsatzbereite, idealistische und zielstrebige Menschen – ausbrennen kann nur jemand, der zuvor gebrannt hat! »Wer sich am stärksten engagiert, am glühendsten einsetzt, also aus wahrhaftem Idealismus die große Aufgabe des Berufes meistern möchte, ist hochgradig gefährdet. Es trifft also gerade die Besten.«[7] Normalerweise ist eine Burnout-Episode das Resultat eines schleichenden Prozesses über einen langen Zeitraum hinweg.

Burnout ist nicht auf bestimmte Berufsgruppen beschränkt, aber typisch ist, dass die Ausgebrannten Aufgaben und Positionen übernommen haben, die in irgendeiner Form eine besondere Verantwortung für andere Menschen beinhalten. Am häufigsten kommt das Burnout-Syndrom in Helferberufen vor.

Ein Burnout kann im Übrigen unterschiedlich lange anhalten: »Manchmal dauert eine Episode des Ausbrennens oder Überdrusses nur wenige Tage oder Wochen und kann ohne fremde Hilfe überwunden werden. In anderen Fällen können die Krisen Monate oder Jahre anhalten, ohne daß eine Lösung gefunden wird oder Besserung eintritt.«[8] Auslöser können unterschiedliche Krisen in allen Phasen des Lebens sein. Besonders häufig trifft es Menschen, die eine Midlife-Crisis durchleben.

Es gibt also durchaus Lebensalter und Persönlichkeitstypen, die eine Disposition zum Burnout aufweisen (mehr dazu unter 3. Nährböden für Burnout). Hinzu kommen fast immer bestimmte Faktoren, die den Burnout begünstigen: Nach Martin Grabe[9], Chefarzt an der Psychiatrischen Klinik Hohe Mark (Oberursel), kann Burnout durch drei Hauptfaktoren entstehen:

- äußere Antreiber
- innere Antreiber
- mangelnde Fähigkeiten

Die »äußeren Antreiber« bestehen aus dem »Druck, der sich aus der sozialen Situation oder aus dem Berufsumfeld ergibt«.

Das sind sehr oft strukturelle Gegebenheiten. Besondere Burn-out-Brisanz erhalten diese Belastungsfaktoren, wenn sie sich mit mangelndem Erfolg verbinden. Die »inneren Antreiber« sind ungünstige Gedankenmuster, mit denen wir uns selbst Stress machen. In der folgenden Tabelle sind einige dieser typischen Gedankenmuster aufgelistet – und mit welcher Gegenmaßnahme man ihnen begegnen kann.

Innere Antreiber – und Gegenmaßnahmen[10]

	Gedankenmuster	Gegenmaßnahme
Anerkennungsstreben	»Ich benötige Streicheleinheiten und Lob von meinem Chef (und von meinen Kollegen).«	Geben Sie zwar Ihr Bestes, strengen Sie sich an. Aber die Erfolgsmaßstäbe sollten Sie festlegen. Sie wissen selbst am besten, was Sie wollen und können – und was nicht. Machen Sie sich innerlich unabhängiger von der Meinung anderer.
Erwartungsdruck	»Was die anderen von mir erwarten, ist richtig; ich muss diese Erwartungen unbedingt erfüllen.«	Zwei Schritte: 1. Häufig nimmt man an, was andere von einem erwarten, ohne es genau zu wissen: Klären Sie deshalb, was andere wirklich von Ihnen erwarten. 2. Über unterschiedliche Erwartungen kann man verhandeln. Sprechen Sie deutlich an, was Sie leisten können und wollen – und was nicht (Ja zum Nein).
Gruppenzwang	»Ich kann es mir nicht erlauben, anders zu sein als die anderen und aus der Reihe zu tanzen. Ich muss so sein wie die anderen.«	Überprüfen Sie: Was ist wirklich wichtig für Ihre Arbeit (und die Arbeit Ihrer Abteilung)? Manche (nicht alle) Zwänge sind selbst gemacht. Außerdem: Gruppendruck kann sehr negative Auswirkungen haben, wie die Vergangenheit lehrt.

	Gedankenmuster	Gegenmaßnahme
		Finden Sie z. B. auch Ihren persönlichen Arbeitsrhythmus. Für manche kann zum Beispiel ein Weg zur Ausgeglichenheit sein, morgens früh anzufangen.
Leistungs-zwang	»Ich bin, was ich leiste.«	Dieser häufige Glaubenssatz ist ein sehr gefährliches und vor allem zerbrechliches Fundament für ein gutes Selbstwertgefühl. Sie sind auch so wertvoll (ansonsten wären ja auch Kinder, die beruflich noch nichts leisten, wertlos).
Perfektionis-mus	»Ich darf keine Fehler machen. Ich muss mich unangreifbar machen.«	Kein Mensch ist fehlerfrei. Ohne Fehler gibt es auch keine Weiter-entwicklung. Allerdings sollten Sie möglichst vermeiden, immer denselben Fehler zu begehen.
Zeitdruck	»Ich habe keine Zeit... ... für meine Familie, ... für meine Hobbys etc.«	Stopp! Jeder Tag hat für jeden 24 Stunden – auch für Sie. Sie sind für Ihre Zeiteinteilung verantwortlich. Für wirklich wichtige Dinge hat man Zeit – vielleicht nicht immer sofort, aber in verlässlichen Rhythmen.

2. Die Stufen des Burnout

Durchgängig wird in der Wissenschaft Burnout als ein Prozess beschrieben, der mehrere Stufen oder Phasen durchläuft.[11] Wie oben erwähnt, differiert die Anzahl der Stufen je nach Autor, aber in der Quintessenz handelt es sich überall weitgehend um dasselbe. Will man vereinfachen, kann man mit

Wolfgang Schmidbauer von drei Hauptphasen ausgehen: einer »Anfangsphase«, einer »Einbruchsphase« und einer »Abbauphase«[12], die fließend ineinander übergehen.

Am Anfang steht in der Regel ein chronisches Übermaß an Engagement. Das zeigt sich daran, dass man in überhöhter Weise meint, unbedingt benötigt zu werden, dass man unbezahlte Mehrarbeit leistet und glaubt, der Terminfülle wegen einfach keine Zeit für andere Dinge außerhalb des Berufs zu haben. Dies geht wiederum einher mit der Verdrängung wichtiger persönlicher Bedürfnisse, dem Überspielen von Enttäuschungen und der Einengung des Horizonts auf die Gegenstände des Engagements – das sind in Sozialberufen meist Menschen, es können aber auch Projekte, Aufgaben in der Kirchengemeinde, die eigenen Kinder und vieles andere sein.

Bin ich arbeitssüchtig?[13]		
Machen Sie den Selbsttest anhand von 11 Punkten	Ja	Nein
1. Ich denke sehr oft an die Arbeit (z. B. gleich morgens, wenn ich aufwache, oder abends vor dem Einschlafen).	☐	☐
2. Ich nehme mir öfter Arbeit mit nach Hause.	☐	☐
3. Ich rede häufig davon, wie gestresst ich bin und dass ich extrem viel zu tun habe.	☐	☐
4. Ich arbeite oft bis spät in die Nacht oder auch mal eine Nacht durch.	☐	☐
5. Mein Leben dreht sich vor allem – auch zeitlich – um die Arbeit.	☐	☐
6. Ich ertappe mich, dass mich nur noch das Thema Arbeit fesselt.	☐	☐

	Ja	Nein
7. Ich nehme mir häufig auch in Urlaub und Freizeit Arbeit mit. Einfach nur rumsitzen macht mich nervös, dann arbeite ich lieber was weg.	☐	☐
8. Wenn ich wegen der Arbeit später oder gar nicht nach Hause komme, bin ich in der Regel nicht unglücklich.	☐	☐
9. Ich arbeite viel, schaffe einiges weg, aber meine Leistung nimmt eher ab.	☐	☐
10. Ich fühle mich öfter schlapp.	☐	☐
11. Ich kann das Handy nicht abschalten, weil ich ja ständig beruflich erreichbar sein will.	☐	☐

Wenn Sie mehr als dreimal »Ja« angekreuzt haben, sollten Sie mal wieder richtig entspannen und Ihren Arbeitseinsatz überprüfen. Handelt es sich gerade um eine Arbeitsspitze oder ist es Dauerzustand? Sollte es ein Dauerzustand sein, schalten Sie Ihr Radar ein und beobachten Sie sich. Es empfiehlt sich auch, diese Aufgabe zusätzlich einem guten Freund oder einer Freundin zu übertragen – diese müssen allerdings die Erlaubnis haben, Ihnen ins Gewissen zu reden.

Wenn Sie mehr als fünfmal »Ja« angekreuzt haben, sind Sie hochgradig suchtgefährdet oder bereits arbeitssüchtig. Fuß vom Gaspedal, auskuppeln, Handbremse ziehen, bevor Sie sich selbst ruiniert haben!

Der übermäßige Stress der Eingangsphase führt erst einmal zur Erschöpfung. Dann folgen die weiteren Stufen: Das Engagement reduziert sich, nicht etwa aus besserer Einsicht, sondern aus fehlender Kraft. Die Empfindlichkeit gegenüber mangelnder Anerkennung nimmt zu, Depression und Aggression machen sich breit. Aus dem brennenden Engagement wird »Dienst nach Vorschrift«, der Betroffene »kündigt innerlich«, er steigt aus der Verantwortung aus. Der große Idealismus des Anfangs ist zerbrochen.

Damit ist der Ausbrennende genau in demselben Milieu gelandet, das er zuvor in der Regel sehr kritisch gesehen hat und das er durch sein besonderes Engagement verändern wollte. Er hatte sich möglicherweise als einsamer Rufer gegen eine unzureichend engagierte Betreuung von Menschen gefühlt – nun verliert er selbst das Interesse.

Gerade die erwähnten Helfer- und Pflegeberufe werden von diesen Mechanismen oft in erdrückender Weise dominiert: Viele sehen im Dienst am Mitmenschen zunächst eine *Lebens*erfüllung. Diese reduziert sich in der zweiten Phase des Burnout auf *Funktions*erfüllung. Nun werden diese Menschen wieder andere Idealisten enttäuschen und entmutigen. So zieht der Burnout Kreise: Er steckt an. Er löscht die Freude am Beruf. Der Ausgebrannte verbreitet eine Atmosphäre der Entmutigung. Der Betroffene verliert mehr und mehr den Bezug zu sich selbst.

Man spricht dann von *Depersonalisation*. Dieser Begriff meint im engeren Sinn eine »Störung, bei der die Patienten beklagen, daß ihre geistige Aktivität, ihr Körper oder die Umgebung sich in ihrer Qualität verändert haben und unwirklich, wie in weiter Ferne oder automatisiert erlebt werden. Sie können das Gefühl haben, nicht länger ihr eigenes Denken, ihre eigenen Vorstellungen oder Erinnerungen zu erleben; daß ihre Bewegungen und ihr Verhalten irgendwie nicht ihre eigenen seien; daß ihr Körper leblos, losgelöst oder sonst anormal sei«. [14]

Das mag der einzelne Betroffene in unterschiedlicher Intensität und nicht immer so krass erleben, wie die oben genannte Definition nahelegt. Aber als Folge kann sich *Depersonalisation* und *Dehumanisierung* einstellen. Das bedeutet: Der Betroffene verliert mehr und mehr den Bezug zu sich selbst (Depersonalisation) und darüber auch zu den anderen: Er behandelt sie nur noch als Objekte (Dehumanisierung). Das Verhältnis zu den Menschen, denen er dient, wird distanziert und von Bitterkeit und Zynismus durchdrungen.

Seine Funktionen mag er nach wie vor reibungslos ausüben, oft nicht zuletzt aus Angst, andernfalls noch zusätzliche Schwierigkeiten zu bekommen, etwa durch die Gefährdung seines Arbeitsplatzes. Deswegen merkt er sein Verhalten und die daraus resultierenden Folgen selbst nicht, und auch seiner Umgebung mag er zwar missmutig, aber doch auch weiterhin ganz »normal« und leistungsfähig erscheinen. Doch die Substanz hinter der Funktionalität geht mehr und mehr verloren; innerlich ist er ausgehöhlt, leer.

Auf der nächsten Stufe sinkt die Leistungsfähigkeit noch weiter ab, mit ihr auch die Konzentrationsfähigkeit; Motivation, Kreativität und differenzierendes Denken schwinden. Auf den tiefsten Stufen verflacht das emotionale und soziale Leben noch mehr. Ersatzbefriedigungen wie zum Beispiel vermehrter Genuss von Süßigkeiten und Alkohol machen sich breit.

Besonders dann, wenn der Ausbrennende ein introvertierter Stresstyp ist, ist jetzt die Tendenz stark, dass er trotz großer Sehnsucht nach Gemeinschaft immer mehr in Isolation gerät. Psychosomatische Beschwerden häufen sich. Als körperliche Burnout-Symptome gelten u. a. frühes Wachwerden, Nachtschweiß, Hörsturz, Kopf- und Rückenschmerzen und Herzstechen. Auch das Immunsystem ist jetzt geschwächt. In der Arbeit häufen sich die Fehler. Übermäßige Müdigkeit und Schlafstörungen nehmen zu, und am Ende steht die selbstverachtende Verzweiflung. Dann ist der »Meltdown« eingetreten, wie man in Amerika sagt[15], das letzte Abschmelzen der Kerze. Sogenannte »Nervenzusammenbrüche« können stattfinden (klinisch meist als »akute Belastungsreaktion« bezeichnet). Der Betroffene gerät in einen Sog der Hoffnungslosigkeit, dem er nur noch schwer entrinnen kann. Die Depression hat ihn im Griff; Suizidgedanken drängen sich auf.

Am sinnvollsten erscheint es, nach dem Psychologen Eckhart Müller das Burnout-Syndrom in fünf Stufen darzustellen[16]:

Die fünf Stufen des Burnout-Syndroms

Stufe	Bezeichnung	Merkmale	
1	Idealismus	Feuer	Enthusiasmus; übermäßiges Engagement; Unentbehrlichkeits-Denken; Verdrängung von persönlichen Bedürfnissen und Enttäuschungen; Missachtung und Betäubung von warnenden Körpersignalen. Resultat: Erschöpfung
2	Pragmatismus	Sparflamme	Ernüchterung; reduziertes Engagement; erhöhte Empfindlichkeit; »Dienst nach Vorschrift«; Depressivität und Aggressionen
3	Stagnation	Flackern	Überdruss; verminderte Leistungsfähigkeit; Konzentrationsmängel; Verlust von Motivation, Kreativität und differenzierendem Denken
4	Frustration	glimmender Docht	Verflachung des emotionalen und sozialen Lebens; Sarkasmus ersetzt Humor; Verhärtung; Isolation; Schlafstörungen; psychosomatische Störungen; geschwächtes Immunsystem
5	Verzweiflung	das Licht geht aus	Leere; Selbstverachtung; Depression; Apathie; Suizidalität

Burnout-Test[17]

Kann man die Burnout-Gefahr (oder den bereits eingetretenen Zustand) messen?

Da in der Frage der Definition des Burnout-Syndroms bis heute große Unklarheit herrscht, gibt es keine festgelegten Kriterien für seine Messung.[18] Um Ihnen die Selbsteinschätzung zu ermöglichen, haben wir uns für einen Fragebogen der israelischen Stressforscherin Ayala Pines und ihrer Mitautoren entschieden:

Beantworten Sie ohne längeres Überlegen die unten stehenden Fragen. Denken Sie dabei nicht nur an die Tagesform, sondern an ihre durchschnittliche Erfahrung in den vergangenen Wochen. Tragen Sie in die rechte Spalte jeweils einen der folgenden Werte ein:

1	2	3	4	5	6	7
nie	fast nie	selten	manchmal	oft	meistens	immer

1	Ich fühle mich müde.	
2	Ich fühle mich niedergeschlagen.	
3	Ich habe einen guten Tag.	
4	Ich bin körperlich erschöpft.	
5	Ich bin emotional erschöpft.	
6	Ich bin glücklich.	
7	Ich bin erledigt.	
8	Ich bin leer und ausgebrannt.	
9	Ich bin unglücklich.	
10	Ich fühle mich abgearbeitet.	
11	Ich fühle mich gefangen.	
12	Ich fühle mich wertlos.	
13	Ich erlebe Überdruss.	
14	Ich habe Kummer.	
15	Ich bin über andere verärgert oder enttäuscht.	
16	Ich fühle mich schwach und hilflos.	

17	Ich sehe hoffnungslos in die Zukunft.	
18	Ich fühle mich zurückgewiesen.	
19	Ich bin optimistisch.	
20	Ich fühle mich tatkräftig.	
21	Ich habe Angst.	
A	Zählen Sie die Werte für die Fragen 1, 2, 4, 5, 7 bis 18 und 21 zusammen.	
B	Zählen Sie die Werte für die Fragen 3, 6, 19 und 20 zusammen.	
C	Subtrahieren Sie den B-Wert von der Zahl 32.	
D	Addieren Sie den A-Wert und den C-Wert.	
E	Dividieren Sie den D-Wert durch 21 = Ihr Burnout-Wert.	

Auswertung

- Weniger als 3: Sie sind wahrscheinlich derzeit nicht Burn-out-gefährdet
- Zwischen 3 und 3,6: mittlere Gefährdung
- Zwischen 3,7 und 4,5: ernsthafte Gefährdung
- Über 4,5: Sie sind wahrscheinlich mitten in einer schweren Burnout-Krise

3. Nährböden für Burnout

Jeder Mensch kann ausbrennen, denn bei jedem kann der Fall eintreten, dass seine Ressourcen auf Dauer nicht ausreichen, um den gegebenen Anforderungen zu entsprechen. Aber es gibt gewisse Konstellationen, die Burnout besonders begünstigen. Mehr als alle anderen gefährdet sind:

- Menschen, die sich für andere Menschen engagieren
- Menschen, die unter schlechten Arbeitsbedingungen leiden
- Menschen mit Mehrfachbelastungen

a) Das Engagement für andere

Möglicherweise nehmen in einem Beruf, in dessen Mittelpunkt die unmittelbare Begegnung mit Menschen steht, die Stressfaktoren leichter überhand als bei der Beschäftigung mit Dingen und geistigen Produkten. Das zeigt sich u. a. darin, dass Burnout am häufigsten bei Lehrern und in den Pflegeberufen vorkommt[19].

Viele Helfertätigkeiten geschehen an Menschen in zum Teil extremen Notsituationen. Aber auch scheinbar »normale« zwischenmenschliche Dienstleistungen führen sehr oft in die Konfrontation mit sehr großen psychosozialen Problemen. Wenn mindestens jeder vierte Deutsche heutzutage im Lauf eines Jahres unter mindestens einer ernst zu nehmenden psychischen Störung leidet, ist es kein Wunder, dass Helfer und andere zwischenmenschliche Dienstleister oft und rasch an die Grenzen ihrer sozialen Kapazitäten kommen. Nicht zuletzt aus diesen Gründen sind auch solche Menschen Burnout-gefährdet, »denen häufig nebenbei die Sorgen des Alltags anvertraut werden und die in der Regel nur mit ihrem Naturtalent reagieren können«[20].

Erschütternd viele Lehrer und Pflegeberufler beenden ihre Berufstätigkeit vorzeitig, weil sie ausgebrannt sind. Lehrer haben zudem ein schlechtes gesellschaftliches Image.[21] Bei vielen Menschen gelten sie als Faulenzer mit bequemem Job, der ihnen viel Geld einbringt. Aber Lehrer mit vollem Unterrichtsaufkommen arbeiten 45 bis 55 Stunden wöchentlich. Grundschullehrer haben die kürzesten Arbeitszeiten und Gymnasiallehrer die längsten.[22] Ungefähr 80 Prozent der Lehrer geben an, beruflich stark oder sehr stark belastet zu sein.[23] Besonders leiden sie unter den Unterrichtsstörungen durch Schüler.[24] Eine Arbeitsgruppe der Uni Freiburg fand in einer Untersuchung an 950 Lehrern aus Gymnasien und Hauptschulen heraus:

»Lehrer mit vollem Deputat … leisten eine durchschnittliche wöchentliche Arbeitszeit von 51 Zeitstunden … Innerhalb eines Jahres werden 43 Prozent der Lehrkräfte das Ziel von massiven verbalen Angriffen, sieben Prozent haben Beschädigungen persönlichen Eigentums erlebt, mehr als vier Prozent wurden konkret mit körperlicher Gewalt bedroht, und 1,4 Prozent … von körperlicher Gewalt betroffen.«[25]

Besonders drastisch ist es an Hauptschulen:

»53 Prozent verbale Attacken, zehn Prozent Beschädigung von persönlichem Eigentum, 7,3 Prozent Androhung körperlicher Gewalt, 2,1 Prozent erlebten körperliche Gewalt. Wenig überraschend war, dass 29,8 Prozent der Lehrkräfte an medizinisch relevanten Stress- und Belastungssymptomen litten, insbesondere an Schlafstörungen und depressiven Symptomen.«[26]

Lehrer sind im Vergleich zu anderen Berufstätigen dreimal so häufig krank. Vor allem leiden sie unter Suchterkrankungen und Depressionen.[27] Schätzungsweise leiden 35 Prozent aller Lehrer am Burnout-Syndrom[28].

»Sie kapitulierten nach eigenen Angaben vor der hohen Stundenzahl, dem Verhalten schwieriger Schüler und der Klassenstärke. Hinzu kommen noch Selbstüberforderungen und Selbstausbeutung sowie mangelnde Kooperationsbereitschaft der Eltern, die schnell auf Konfrontation gehen, wenn etwas nicht nach ihren Vorstellungen läuft.«[29]

Im Durchschnitt liegt das Pensionierungsalter der Lehrer bei unter 60 Jahren.[30] Weniger als 30 Prozent halten bis zum 65. Lebensjahr durch.[31] Für jeden Lehrer, der vorzeitig in Rente geht, muss der Staat im Schnitt ungefähr 375 000 Euro aufbringen.[32] Die Hälfte der Lehrer, die vorzeitig ausscheiden, tun dies, weil sie die psychische Belastung nicht mehr ertragen[33], kurz: weil sie ausgebrannt sind.

Berufe, die mehr als andere von der Beziehungsgestaltung abhängig sind, werden häufig von Persönlichkeitstypen gewählt, die ein überdurchschnittliches Bedürfnis nach Gemeinschaft, Sicherheit und Kontrolle aufweisen.[34] Solche Menschen legen ausgesprochen großen Wert auf Harmonie und fühlen sich sehr dafür verantwortlich, sie zustande zu bringen und aufrechtzuerhalten. Darum fühlen sie sich auch sehr leicht schuldig, wenn das nicht richtig gelingt, was für die Selbstachtung nicht gerade gut ist. Selbstvorwürfe sind ein beständiger Antreiber dafür, *noch* mehr für die Harmonie zu investieren.

Besonders gefährlich wird es für solche und ähnliche Typen, wenn sie ihre Helferrolle einseitig als ein immerwährendes Geben verstehen. Stets die Rolle des Überlegenen und Starken spielen zu müssen, »ist eine schwer erträgliche Last«, bemerkt Wolfgang Schmidbauer[35], durch den der Begriff »Helfersyndrom« bekannt wurde.

»Nächstenliebe als Beruf zieht jene Menschen an, die das Gefühl haben, zu wenig Liebe erhalten zu haben«, stellt Schmidbauer fest.[36] Daraus kann eine Art Sucht entstehen, dann nämlich, wenn die Rechnung beständig aufgeht: Der Helfer erlebt, wie andere von. *ihm* abhängig werden. Er wird mächtig: Sie sind ihm zu Dank verpflichtet. Die Hilfsbedürftigen nehmen seinen vorbildlichen Einsatz als Norm, vergleichen sich mit ihm und fühlen sich schuldig, weil er sie mit seiner sozialen Leistung alle in den Schatten stellt. Es ist paradox: Der Helfer wirkt wie die leibhaftige Demut und thront doch über den anderen. Jeder, der immer nur gibt, nimmt seine Position *über* den »armen Hilfsbedürftigen« ein. Aber durch deren Abhängigkeit wird er selbst abhängig. Irgendwann braucht er sie mehr als sie ihn. Solche Hingabemotive dienen dem Zweck der Bedürfniserfüllung und sind darum Formen des Selbstbetrugs. Wenn Burnout aus diesem Hintergrund hervorgeht, ist es Symptom einer existenziellen Sinnkrise.

Allerdings ist anzumerken, dass Schmidbauer darauf hinweist, dass es sich beim »Helfersyndrom« erst dann um ein Problem handelt, wenn es im Übermaß auftritt: »Das Helfersyndrom fehlt nicht einfach bei den ›guten‹ Helfern und zeichnet die ›schlechten‹ aus. Es ist eine Komponente der Berufsmotivation, die sich bei den meisten Mitarbeitern in helfenden Berufen findet ... Das Helfersyndrom ist völlig harmlos, wenn es durch andere Komponenten der Berufsmotivation ausgeglichen wird.«[37]

Ayala Pines und ihre Mitautoren haben drei häufige Ursachen für Burnout in Helferberufen gefunden: emotional belastende Arbeit, Persönlichkeitseigenschaften der Helfer und die einseitig asymmetrische Beziehung zu den Hilfeempfängern.[38] Ein signifikantes Persönlichkeitsmerkmal vieler Helfer sei ihre besondere Fähigkeit, sich in andere einzufühlen.[39]

Der Helfertyp nach Fritz Riemann

Der Psychoanalytiker Fritz Riemann hat mit seinem Buch »Grundformen der Angst«[40] eine anschauliche und detaillierte Beschreibung der vier hauptsächlichen menschlichen Charakterzüge verfasst, auf die zu Recht in Psychotherapie, Beratung und Seelsorge sehr häufig zurückgegriffen wird. Sein »depressiver« Persönlichkeitstyp repräsentiert in hohem Maß den Charakter vieler Burnout-gefährdeter Helfer.

Bei diesem Persönlichkeitstyp dominiert die »Angst, ein eigenständiges Ich zu werden, die zutiefst als das Herausfallen aus der Geborgenheit erlebt wird«. Dadurch bekommt das Du »einen Überwert«[41]. Mit »der Abhängigkeit steigert sich ... die Verlustangst ... So kommt es zu dem hier typischen Teufelskreis, der nur im Wagnis der Ich-Werdung, des autonomen Subjekt-Seins durchbrochen werden kann.« Dieser Typ »idealisiert die Menschen eher, ... verharmlost sie, entschuldigt ihre Schwächen oder übersieht ihre dunklen Seiten. Er will nichts Erschreckendes oder Beunruhigendes an ihnen wahrnehmen, weil das seine vertrauenwollende Beziehung gefährden würde.« Darum verhält er sich mitunter den Ansprüchen anderer gegenüber naiv und verfolgt eine Vogel-Strauß-Politik, statt seine Würde anderen gegenüber zu wahren.[42] Seine Tugenden: »Überwertige Bescheidenheit, die für sich selbst nichts fordert; Überanpassung und Unterordnung bis zur Selbstaufgabe.«[43] Er kann sich dabei aber »auch noch moralisch überlegen vorkommen gegenüber denen, die weniger bescheiden, friedfertig usf. sind. So macht er eigentlich aus der Not eine Tugend und meint, etwas hinzugeben und zu opfern, was er noch gar nicht entwickelt hat und besitzt: sein Ich«[44]. Ein Problem solcher Menschen besteht darin, dass sie »ihre Wünsche nicht klar genug ausdrücken, oder daß sie überhaupt unklare, unbestimmte Wünsche haben«[45]. Aber »ohne eigene Wünsche an das Leben wird es zunehmend leerer und langweiliger«[46]. »Je mehr man im Rahmen einer solchen Ideologie sich zurücknimmt, sich kränken läßt, ohne sich zu wehren, sich eigene Affekte nicht erlaubt, um so mehr muß man zum Ausgleich diese Haltungen kompensieren durch das Gefühl moralischer Überlegenheit – ohne daß man indessen erkennt, daß das auch eine – sublime – Form der Aggression ist.« Riemann nennt das »weich vergewaltigen«[47]. Sie »versuchen, das erlebte Liebesdefizit zu sublimieren in helfenden Tätigkeiten, in aufopfernder Nächstenliebe, in caritativen Berufen«[48]. Der Alltag dieser Persönlichkeiten »ist durchzogen von solchen Verhaltensweisen, bei denen das Sich-Behaupten, das Sich-Durchsetzen oder Neinsagen, das Subjekt-Sein nicht gewagt wird«. Es ist ihnen zur Gewohnheit geworden, »nachzugeben, zu verzichten, sich nicht zu wehren«[49]. »Immer finden sich in der Lebensgeschichte depressiver Menschen Umwelteinflüsse, die die Entwicklung des Kindes zum autonomen Selbst erschwert oder verhindert haben.«[50]

Nach Ruthe und Münzberger sind das »die hilfsbereiten, besorgten und liebevollen Menschen, die sich in erster Linie um andere kümmern … Im Wesentlichen werden sie gemocht, von den meisten geschätzt und ernst genommen, wenn sie ihre Fürsorge nicht übertreiben«[51]. Führungstypen seien sie nicht.[52] Häufig sei das Motto »Ich lebe, um zu dienen« – entsprechend würden sie ihre Berufswahl treffen.[53] Oft würden sie eine Tendenz zu Suchtverhalten aufweisen.[54] Im Glauben seien sie eher zu selbstkritisch und entscheidungsschwach.[55]

b) Schlechte Arbeitsbedingungen

Die Angst vor dem Verlust des Arbeitsplatzes ist ein mächtiger Stressfaktor. Mehr als 60 Prozent der Männer und fast 50 Prozent der Frauen in Deutschland bezeichnen sie als ihren größten Stressauslöser. Gleiches gilt aber auch für schlechte Arbeitsbedingungen. Der gesamtwirtschaftliche Schaden aufgrund durch die Arbeitssituation entstandener psychischer Störungen in Deutschland wird auf 50 Milliarden Euro geschätzt. Dass eine noch höhere Dunkelziffer angenommen wird, leuchtet ein, da Burnout-Symptome häufig verdeckt sind und die Person unauffällig zu »funktionieren« scheint.

Besonders fatal wird es natürlich, wenn die Angst um den Arbeitsplatz und schlechte Arbeitsbedingungen zusammenkommen.

Exemplarisch seien hier einige Burnout-begünstigende Faktoren aufgeführt:

Übermäßige Arbeitsanforderung

Meist ist die Überlastung Folge unrealistischer Zeitplanung. Besonders in sozialen Einrichtungen herrscht oft ein unausgesprochener Erwartungsdruck, sich (weit) über das formell vereinbarte Maß hinaus zu engagieren (sofern dieses überhaupt klar definiert ist). Besonders ausgeprägt ist das in vielen christlichen Institutionen. Aber auch die ständig neue Konfrontation mit bedrückenden Problemen anderer Menschen und die Last besonderer Verantwortungsübernahme kann überfordern. Des Weiteren ist hier auch mangelnde Berufsbegleitung (Mentoring, Supervision), speziell bei Berufsanfängern, zu nennen.

In manchen Berufen, wie z. B. in der Krankenpflege, sind die Berufsanfänger besonders gefährdet. »Verschiedene Untersuchungen ergaben, dass nach zwei Jahren nur noch die Hälfte oder noch weniger ausgebildete Krankenpflegerinnen in ihrem Beruf tätig sind.«[56] Oft werden sie »ins kalte Wasser« geworfen – es fehlt kompetente Einführung und Begleitung.[57]

Die Überforderung kann auch dadurch entstehen, dass sich jemand ganz einfach am falschen Platz befindet.

Mangel an Wertschätzung (hierzu gehört auch ein schlechtes Berufsimage), Anerkennung und Belohnung für die Leistung

Weil Burnout-Gefährdete meist Idealisten sind, ist ihnen Anerkennung oft noch wichtiger als Geld. Dem Psychologen Eckhart Müller zufolge liegt auch dem Klagen über unmäßige Arbeitsbelastung bei näherem Hinsehen häufig ein Mangel »an positiver Rückmeldung und an Wertschätzung für geleistete Arbeit« zugrunde.[58]

Übermäßige Fremdbestimmung, Kompetenzbeschneidung und mangelnder individueller Entscheidungsspielraum

»Die gefährlichste Situation entsteht dann, wenn Sie zwar viel Verantwortung, aber nur wenig Macht übertragen bekommen«, warnt die Burnout-Expertin Sabine Fabach.[59] Falsch verstandenes »Controlling« im Sinne einer von Misstrauen bestimmten Überwachung und Einengung des Mitarbeiters erstickt die Motivation ebenso wie bürokratische Einengung, etwa durch starres Festhalten an erschwerenden »Dienstwegen«. Menschen, die in ihrer Arbeit nur den Job zum Geldverdienen sehen, mögen unter Arbeitsverhältnissen zufrieden sein, in denen lediglich Produktionsziffern zählen, aber Idealisten wollen mit ihren spezifischen Kompetenzen, mit ihren Ideen und ihrer Arbeitsweise ernst genommen werden. Das »Streben nach Autonomie, das Ringen um die Kontrolle über unser Leben« ist nun einmal ein Grundbedürfnis, das umso besser erfüllt werden kann, je mehr vom Arbeitgeber auf die Balance der Lebensbereiche des Mitarbeiters geachtet wird.[60] Das Ausbrennen wird ferner gefördert, wenn wenig Mitspracherecht und damit auch kaum Möglichkeit der Einflussnahme zur Situationsverbesserung eingeräumt wird.

Unklare Auftragsbeschreibungen und Zieldefinitionen, ungeregelte Kommunikationsabläufe sowie unberechenbare Auftragsmodifikationen während des Ablaufs

- Undeutliche und missverständliche wie auch widersprüchliche Dienstanweisungen erzeugen viel Stress und führen unweigerlich zu schmerzlichen Enttäuschungen.
- Entscheidungsschwache Führungskräfte schaffen Unsicherheit bei ihren Mitarbeitern. Nicht nur autoritäres Führen begünstigt Burnout, sondern auch ein Laisserfaire-Stil, durch den die Mitarbeiter den Eindruck erhalten, alleingelassen zu werden.
- Frustration unter Mitarbeitern entsteht, wenn ihnen wichtige Informationen vorenthalten werden, sowie bei unklaren Kommunikationswegen.
- Der hohe Produktions- und Leistungsdruck, der Flexibilitätsdruck moderner Arbeitsprozesse und der Konkurrenzdruck aufgrund der rasanten Marktveränderungen unserer Zeit werden von Führungskräften auf die Leistungsträger

ihrer Betriebe abgewälzt, die dadurch immer wieder vor schier unlösbaren organisatorischen Problemen stehen, zum Beispiel bei willkürlich erscheinenden Auflösungen bestehender eingespielter Teams.

- Manchen Berufen fehlt es immer noch oder aber durch jüngere Entwicklungen bedingt an der Klarheit ihres Profils. Das begünstigt überzogene Erwartungen durch die Umwelt. Wenn nichts klar definiert ist, kann man vieles hineinprojizieren.

Mangelnde praktische Unterstützung der Mitarbeiter

- *Mangelnde Bereitstellung von Ressourcen durch den Arbeitgeber* – Unter »Ressourcen« sind hier die Mittel zur adäquaten Durchführung der Arbeit zu verstehen.
- *Mangelnde Entwicklungsmöglichkeiten durch Fort- und Weiterbildung sowie Karriere* – Nicht nur die *Über*forderung lässt ausbrennen, sondern auch die *Unter*forderung. Mitarbeiter müssen unterwegs bleiben, brauchen neue Ziele, gesunde Spannung. Führungskräfte haben die Aufgabe, sich zu überlegen, was sie dazu tun können, damit die Arbeit dem Inhalt nach interessant und herausfordernd bleibt.

Schlechtes Betriebsklima

Burnout ist ansteckend: Entmutigte, zynisch gewordene Mitarbeiter beeinflussen die Atmosphäre erheblich. Durch »den Abbau des Engagements bei einigen Betroffenen können die noch nicht Betroffenen so überlastet werden, dass auch sie ihre Leistungsbereitschaft verlieren. In einem engagierten Team macht die Arbeit Spaß; in einem ausgebrannten möchte jeder schnell nach Hause kommen und seinen Kolleginnen und Kollegen möglichst viel Arbeit überlassen.«[61] Ungelöste Konflikte auf der Beziehungsebene rauben ungeheuer viel Kraft. Eine Untersuchung *des Centrums für Krankenhaus-Management*

(CKM) ergab zum Beispiel, dass ein Drittel der Arbeitszeit in Großbetrieben durch unproduktive Auseinandersetzungen zwischen den Mitarbeitern belegt sei. Je höher die Hierarchieebene, desto ausgeprägter sei das Problem. Führungskräfte der oberen Etagen würden sogar mehr als die Hälfte ihrer Arbeitszeit für die Machtsicherung einsetzen.[62]

Isolation

Fehlende soziale Einbindung ist eine der Hauptursachen für Burnout. Der Burnout-gefährdete Beruf des Lehrers etwa ist durch fehlende Solidarität, mangelnde kollegiale Unterstützung und überhaupt durch spärliche Kontakte der Lehrer untereinander gekennzeichnet. Die meisten Lehrer halten sich für »Einzelkämpfer«. Fatal ist, dass die Isolation umso mehr zunimmt, je tiefer jemand bereits in den Burnout geraten ist.

Mobbing

Der Begriff »Mobbing« ist zwar relativ neu, aber das Phänomen ist altbekannt, z. B. unter den Begriffen »Unzufriedenheit mit dem Arbeitsplatz« und »schlechtes Betriebsklima«. Eine repräsentative Untersuchung der Sozialforschungsstelle Dortmund brachte hervor: Mobbing betrifft fast drei Prozent der erwerbstätigen Deutschen. Es kommt in allen Berufen vor. Besonders betroffen sind junge Menschen in der Ausbildungsphase und Frauen. Einer Untersuchung der Universität Göttingen zufolge scheinen für Mobbing Anfällige »in erster Linie Personen mit einem hohen Maß an Offenheit zu sein. Menschen mit diesem Charakterzug sind neugierig, unkonventionell und kritisch, sie hinterfragen Traditionen und bestehende Gefüge und bringen neue Ideen ein. Mit einem solchen Verhalten manövrieren sie sich möglicherweise jedoch in eine Außenseiterposition, wenn sich Kollegen oder Vorgesetzte in ihrer gewohnten Arbeitsroutine brüskiert oder herausgefordert fühlen.«[63] Typische Mobbing-Kandidaten haben also oft mit typischen Burnout-Kandidaten hohen Idealismus und herausragendes Engagement gemeinsam: Die Ausgebrannten sind oft gleichzeitig die Gemobbten. Häufig sind Führungskräfte maßgeblich am Mobbing beteiligt (das sogenannte »Bossing«). Allerdings ist es auch typisch für ausgebrannte Menschen, dass sie übermäßig empfindlich werden und deshalb dazu neigen, sich allzu rasch als Mobbing-Opfer zu sehen.

c) Mehrfachbelastungen

Drei Hauptfelder überfordernder Mehrfachbelastungen sind erkennbar: Rollenkonflikte, psychosoziale Belastungen und berufliche Multifunktionen.

- *Rollenkonflikte* – Nach Pines und ihren Mitautoren ist der Rollenkonflikt »eine der wichtigsten Streßursachen«.[64] Natürlich sind hiervon besonders Frauen zwischen Beruf und Familie betroffen.
- *Psychosoziale Belastungen* – Personale Verlust- und Trennungserfahrungen sind die größten Stressereignisse für die menschliche Seele.
- *Berufliche Multifunktionen* – Hier ist besonders sowohl an wachstums- als auch an schrumpfungsbedingte betriebliche Überlastungssituationen zu denken: Der Chef einer bisher kleinen Einzelfirma kommt aufgrund der entstehenden Aufgabenvielfalt durch das Wachstum des Betriebs ebenso unter Druck wie der Pfarrer einer Kirchengemeinde, in der Mitarbeiter und Gelder dahinschwinden, das Dienstleistungsspektrum jedoch aufrechterhalten wird. Beide müssen sich einschränken, rationalisieren, abgeben und delegieren.

Das Burnout-Syndrom lässt sich meist nicht auf eine einzige Ursache zurückführen und entsteht immer über einen längeren Zeitraum. Der Zustand, in dem sich die Ausgebrannten befinden, ist ein Dauerstress – ohne Urlaub, ohne Ziel.

Die Nebennieren produzieren viel zu viel Cortisol. Das schwächt das Immunsystem. Der Mensch wird krank. Es kommt zu psychosomatischen Reaktionen, also allen möglichen organischen Erkrankungen, sowie Depressionen, Denk- und Konzentrationsstörungen neben dem körperlichen Abbau.

Psychische, mentale und physische Gründe führen zu dieser Überlastung und dem damit verbundenen Stress. Meist verbirgt sich hinter Stress und Überlastung ein Zusammentreffen diverser Faktoren, die ein explosives Gemisch ergeben.

Um die Bestandteile dieses explosiven Gemischs frühzeitig wahrnehmen und der Überlastungssituation entgegensteuern zu können, ist es gut, wenn Sie die Warnsignale und Symptome kennen und beachten. Folgende Checkliste dient zur Prüfung, inwiefern bei Ihnen eine Überlastungssituation vorliegen könnte.

Checkliste
Wesentliche Ursachen von Überlastung[65]

Psychische Ursachen
- Übermüdung
- Bewegungsarmut
- Herz-Kreislauf-Probleme
- Dysfunktion im Verdauungsapparat

Mentale Ursachen
- Perfektionismus
- Ungewissheit

- Überforderung
- hohe Verantwortung

Psychische Ursachen
- Anforderungen im Job und im Privatleben (Rollen-erwartungen)
- Mobbing
- Depression
- Opferhaltung

Strukturelle Ursachen
- Der »Markt« als lebensbestimmender Faktor
- Arbeitsverdichtung: Immer mehr muss in immer we-niger Zeit erledigt werden
- Ständiger Wandel und Umstrukturierung
- Angst vor Arbeitsplatzverlust
- Furcht, Fehler zu machen
- Überstunden werden zur Norm
- Berufliche und private Konflikte schaukeln sich hoch oder werden verdrängt
- Unbequeme Entscheidungen werden verschoben
- Falsche Paradigmen: z. B. immer freundlich sein zu müssen; ständig erreichbar zu sein, an die Mach- und Regelbarkeit von allem zu glauben; fehlender Raum für Spiritualität
- Persönlichkeitsstrukturen (z. B. Definition des Selbst-werts vor allem über die Arbeit)

II. Bewältigung und Vorbeugung

Man muss nicht erst in den Sog des Burnout geraten sein, um etwas dagegen zu tun. Wo es eine ernst zu nehmende Gefahr des Ausbrennens gibt, ist Vorbeugung ein »Muss«. Das gilt erst recht dort, wo bereits die ersten Anzeichen des Burnout feststellbar sind. Und wenn man schon hineingeraten ist, kann man durchaus wieder herauskommen, vorausgesetzt, man gesteht es sich ein, bereits ausgebrannt zu sein. Und wenn man es einmal geschafft hat, wirkt das gleichzeitig auch als Vorbeugung für künftige übermäßige Stresserfahrungen. Je tiefer jedoch die Burnout-Stufe ist, auf der man sich befindet, desto schwerer wird es, den Ausweg zu finden. Man engagiert sich dann wie in einem Hamsterrad, in der irrigen Meinung, durch schnelleres Laufen doch endlich wieder zur Ruhe zu kommen.

Von Autor zu Autor unterscheiden sich die vorgeschlagenen Maßnahmen gegen Burnout. Nach Ayala Pines und ihren Mitautoren kann der Weg aus der Burnout-Krise gefunden werden, wenn vier Bedingungen erfüllt sind:[66]

- Das Problem wird als solches erkannt
- Die eigene Verantwortung dafür wird bejaht
- Es werden klare Erkenntnisse über das Problem gewonnen
- Es werden bessere Bewältigungsmaßnahmen als bisher gefunden

Wenn wir uns in Erinnerung rufen, dass es darum geht, nachhaltig das gefährdete oder verloren gegangene Gleichgewicht von Herausforderungen und Ressourcen, Aufwand und Effekt wiederherzustellen und zu stabilisieren, kristallisiert sich aus den vielen Instruktionen ein Weg heraus, der aus drei Etappen besteht:

1. Rückzug
2. Aufstand
3. Einkehr

1. Rückzug: Abstand gewinnen und zu Kräften kommen

Die Notwendigkeit, erst einmal Abstand zu gewinnen, erscheint dem übermäßig Gestressten zunächst widersinnig. Er meint, es sich auf keinen Fall leisten zu können, und findet alle möglichen Argumente, um seine Meinung zu untermauern: »Wie soll ich denn, wenn ich ohnehin schon überlastet bin, auch noch Zeit für einen solchen Luxus wie Entspannung nehmen?!« Aber diese Logik trügt: Er sitzt im Hamsterrad hektischer Betriebsamkeit fest. Und wie es eben bei einem Hamsterrad ist: Entweder dreht es sich weiter – und je mehr der Hamster von der Stelle kommen möchte, desto schneller rotiert es – oder er steigt aus. Ausstieg ist *nicht* der Versuch, ein paar kleinere Veränderungen vorzunehmen, um irgendwie doch wieder die Balance herzustellen. Ausstieg markiert vielmehr eine grundlegende Verhaltensänderung! Nun ist Schluss mit der Devise: »Immer mehr und immer schneller!« Die Alternative ist, innezuhalten, still zu werden, Mut zur Langsamkeit zu haben, auch wenn das zunächst noch mehr Mühe zu kosten scheint. Konsequenter Ausstieg ist der erste und entscheidende Schritt der Burnout-Bewältigung. Wer nicht dahin gelangt, seine Lage sozusagen »von außen« zu betrachten, wird in ihr gefangen bleiben. Für den Ausstieg gilt: Je früher, desto besser! Wenn der Ausstieg nicht gelingt, erzwingt ihn wahrscheinlich irgendwann der Organismus durch den Zusammenbruch.

Aussteigen kann Auf*geben* bedeuten. Das riecht nach Niederlage und Resignation. Aber Resignation muss kein Fehler sein. *Resignatio* ist das lateinische Wort für Rückzug. Es kommt aus der Militärsprache und meint ursprünglich: »das Feldzeichen (*signum*) zurückziehen«. Das war ein strategischer Vorgang im Krieg: Aus Vernunftgründen steckte der Feldherr zurück, weil er sich einer Übermacht gegenübersah oder einfach auch nur eine ungünstige Ausgangsposition feststellte. Natürlich *konnte resignatio* auch Ausdruck einer unabänderlichen Niederlage sein. Resignation kann recht unterschiedliche Gründe haben. Sie kann eine strategische Maßnahme sein, um sich in eine günstigere Position zu bringen, oder das vernünftige Eingeständnis einer punktuellen Niederlage, aber sie kann auch aus der Überschätzung des Feindes hervorgehen. Dann gibt man auf, obwohl man es durchaus nicht müsste. Doch auch diese Art der Resignation bekommt Sinn, wenn sie zu neuem Nachdenken führt. Dann wird das Auf*geben* zur Auf*gabe*: Aus dem Abstand heraus kann ich lernen, die Situation besser einzuschätzen und mich auf meine Ressourcen besinnen. Und ich kann meine bisherige Strategie kritisch überprüfen: Worauf wollte ich eigentlich hinaus? Sind das wirklich meine Lebensziele? Und taugten die Mittel, um sie zu erreichen?

Wenn der Zusammenbruch eingetreten ist oder der seelische und körperliche Zustand des Betroffenen in dessen bedenkliche Nähe geraten ist, bringt es nichts mehr, Burnout gleichsam »nebenbei« zu behandeln. Ein solcher Mensch muss erst einmal wieder Boden unter die Füße bekommen; er braucht eine Auszeit und professionelle Unterstützung. Sehr oft ist es ratsam, krankgeschrieben zu werden; auf der letzten Stufe des Burnout ist es ganz einfach zwingend erforderlich. Antidepressiva helfen aus der tiefsten Krise der Depression; Beruhigungsmittel verschaffen kurzfristig größere Ausgeglichenheit und Schlaf. Verschreibungspflichtige stärkere Schlafmittel sollten allerdings nur dann eingenommen werden, wenn sich zeigt, dass es im Augenblick nicht anders geht, weil entweder das Leiden übergroß ist oder andere Maßnahmen (noch) nichts gebracht haben. Die unmittelbar und stark wirkenden Benzodiazepine sind die gebräuchlichsten verschreibungspflichtigen

Schlafmittel. Man nennt sie auch »Tranquilizer«. Sie wirken nicht nur schlaffördernd, sondern auch beruhigend, angstlösend, krampflösend und muskelentspannend. Benzodiazepine können für kurze Zeit gute Dienste leisten, indem sie zum Beispiel einem »Nervenbündel« ermöglichen, endlich einmal wieder auszuschlafen und dadurch wieder zu Kräften zu kommen – als Grundlage dafür, mit einer sinnvollen Behandlung beginnen zu können. Voraussetzung ist, dass die Einnahme sorgfältig vom Arzt kontrolliert und sehr bald (innerhalb eines Monats) wieder reduziert und abgesetzt wird. Wenn Benzodiazepine nicht vorsichtig genug abgesetzt werden, schlägt ihre helfende Wirkung ins Gegenteil um: Man schläft noch schlechter als vor Beginn der Einnahme. Ungefähr die Hälfte der Benutzer von Tranquilizern erlebt diesen unangenehmen Effekt. Dann liegt es für die Betroffenen nahe, die Dosis wieder zu steigern: Der Teufelskreis der Sucht hat begonnen.

Der Körper kann nun allerdings Monate brauchen, um sich zu regenerieren. Ein freundlicher, förderlicher Umgang mit Leib und Seele hat daher jetzt Priorität. Hochwirksame »Medikamente« gegen Burnout sind Entspannung, was vor allem erholsamen Schlaf bedeutet, sowie körperliche Bewegung und ausgewogene, aber auch genussreiche Ernährung. Tragischerweise gehört es aber gerade zu den Symptomen von Burnout, diese sehr gesunden »Anti-Burnout-Pillen« *nicht* regelmäßig und in genügendem Maß einzunehmen. Man meint, keine Muße dafür zu finden, aber in Wirklichkeit beschleunigt man nur den Prozess des Ausbrennens durch den Verzicht an der falschen Stelle. Stattdessen kompensiert man den Stress gerade mit Disziplinlosigkeiten in diesen Bereichen, die ihn zwar kurzfristig reduzieren, ihn aber mittelfristig nur noch erhöhen. Man stillt gewissermaßen den Durst mit Salzwasser.

Entspannung kann man lernen und einüben. Immer gilt: »Wer die große Entspannung will, muss ganz bewusst planen und Termine ausmachen.«[67] Das betrifft nicht nur das Erlernen expliziter Entspannung*techniken*, sondern auch das Praktizieren »informeller Entspannungsstrategien«[68] wie Schwimmbad, Sauna und dergleichen mehr.

Alles, was wirklich entspannt und nicht nur zerstreut, ist ein wirksamer Schutz gegen Burnout. Es gibt aber auch Entspannung sozusagen im Extrakt, in hoher Dosis, was bedeutet: Der Effekt ist bei minimalem Zeitaufwand sehr groß. Dazu sind verschiedene Verfahren entwickelt worden. Am besten nachvollziehbar, am leichtesten zu erlernen und wissenschaftlich am besten geprüft ist die »Progressive Muskelentspannung«.

Progressive Muskelentspannung[69]

Die Durchführung der »Progressiven Muskelentspannung« dauert zwischen 20 und 30 Minuten. Sie kann im Liegen oder im Sitzen durchgeführt werden. Enge Kleidungsstücke sind zu vermeiden. Störende Utensilien wie Brille und Uhr sollten abgelegt werden. Die Entspannungsübungen können mit offenen oder geschlossenen Augen durchgeführt werden. Folgende Muskelpartien werden an- und wieder entspannt:

- dominante Hand mit Unterarm (also bei Rechtshändern die rechte Hand) – Faust machen
- dominanter Oberarm – Ellenbogen anwinkeln
- nichtdominanter Oberarm – Ellenbogen anwinkeln
- nichtdominante Hand mit Unterarm – Faust machen
- Stirn – Augenbrauen hochziehen, Stirn runzeln
- Augen und Nase – Augen fest schließen, Nase hochziehen
- Wangen und Kiefer – Zähne zusammenbeißen, Mundwinkel zurückziehen
- Nacken und Hals – Kinn gegen Brust drücken
- Brust – tief einatmen und Luft anhalten
- Schultern – Schulterblätter hoch- und zurückziehen
- Bauch – hart machen (wie bei Erwartung eines Schlags)

- dominanter Oberschenkel – Bein leicht vom Boden abheben
- dominanter Unterschenkel – Zehenspitzen gegen Boden pressen
- dominanter Fuß – nach innen drehen und Zehen anziehen
- nichtdominanter Oberschenkel – Bein leicht vom Boden abheben
- nichtdominanter Unterschenkel – Zehenspitzen gegen Boden pressen
- nichtdominanter Fuß – nach innen drehen und Zehen anziehen

Das Anspannen sollte ca. fünf Sekunden dauern. Die Aufmerksamkeit wird dabei auf die Anspannung und die nachfolgende Entspannung gelenkt. Die positivste Wirkung auf das körperliche und seelische Befinden wird erzielt, wenn die Progressive Muskelentspannung anfangs täglich durchgeführt wird.

Wenn man alle Muskelpartien des Körpers entspannt hat, genießt man den angenehmen Entspannungszustand noch etwas, räkelt sich dann und geht bewusst aus der Entspannung heraus.

Wer sich gegen Burnout schützen will, der achte zudem gut auf seine »innere Uhr«. Jeder Mensch trägt eine solche »biologische Uhr« in sich. Wir benötigen sie dazu, am Tag wach zu sein und in der Nacht zu schlafen. Zum Beispiel scheint es gesichert zu sein, dass es Abend- und Morgentypen, »Eulen« und »Lerchen«, gibt. Burnout-gefährdete tun ihrem inneren Rhythmus oft Gewalt an. Wenn er aus dem Gleichgewicht gerät, kann es sich offenbar stark auf die Psyche auswirken. Man nimmt an, dass dies ein Grund für die Entstehung von Depressionen ist.

Wesentlich für den inneren Rhythmus ist nicht nur, wann wir ins Bett gehen und aufstehen, sondern auch, ob wir lang genug schlafen. Kaum eine Beeinträchtigung der Gesundheit ist so verbreitet wie der Schlafmangel. Es steht fest, dass bei Schlafmangel Kreativität, Konzentration und Leistungs-fähigkeit nachlassen. Dadurch entstehen viele Fehler, auch fatale und tödliche. Das Immunsystem unterliegt leichter im Abwehrkampf gegen Krankheitskeime, und die gute Stimmung geht verloren.

Eine große Studie des Max-Planck-Instituts ergab, dass 40 Prozent aller Bundesbürger schlecht schlafen, die meisten davon nicht nur manchmal, sondern dauernd; ein Viertel da-von sind Jugendliche. Darüber hinaus gibt es noch eine hohe Dunkelziffer. Nach körperlichen Krankheiten und Schmerzen stehen Schlafprobleme an dritter Stelle der Gründe für ei-nen Arztbesuch. Seit der Erfindung der Glühbirne haben wir Probleme damit, die Nacht vom Tag zu unterscheiden. Der Mensch von heute schläft im Schnitt zwei Stunden weniger als der Mensch vor hundert Jahren, nämlich sieben Stunden und weniger statt früher neun. In den letzten zwanzig Jahren ist diese Kluft noch größer geworden.

Die wissenschaftliche Meinung zur Frage, wie viel Schlaf der Mensch benötigt, ist nicht einheitlich. Bei Experimenten unter völliger Unabhängigkeit von äußeren Einflüssen pen-delte sich die Schlafzeit der Versuchspersonen bei neun bis zehn Stunden ein – das entspricht der normalen Schlafzeit, als man noch ins Bett ging, wenn es dunkel wurde. Aller-dings ist es fraglich, ob ein völliges Ausgeschlafensein auf Dauer wünschenswert ist. Der Schlaf wird dann bald weniger intensiv. Man darf annehmen, dass ein gewisses, individuell unterschiedliches Maß an »Schlafschuld« zuträglich ist, damit ein lebendiger Wechsel von Stress und Erholung stattfindet. Das Schlafbedürfnis verändert sich auch im Lauf des Lebens sehr stark. Kinder brauchen wesentlich mehr Schlaf, Menschen über 70 Jahren nur noch bis zu sechs Stunden. Es ist davon auszugehen, dass ca. 75 Prozent der gesunden Erwachsenen zwischen 6,5 und 8,5 Stunden benötigen. 7,5 Stunden sind also im Durchschnitt normal. Es scheint auch Menschen zu geben, die extrem wenig Schlaf benötigen. Andere wieder brauchen einfach mehr Schlaf, obwohl sie gesund sind.

Schlafen Sie genug?[70]	Ja	Nein
Ich brauche morgens einen lauten Wecker, um aufzuwachen.	☐	☐
Ich schlafe oft noch weiter, wenn der Wecker schon geläutet hat.	☐	☐
Das Aufstehen ist meistens ein Kampf für mich.	☐	☐
Manchmal überhöre ich den Wecker.	☐	☐
Ein Glas Wein oder Bier ermüdet mich sehr.	☐	☐
An den Wochenenden schlafe ich viel länger als sonst.	☐	☐
Im Urlaub schlafe ich viel mehr als sonst.	☐	☐
Ich bin morgens einfach nicht (mehr) so fit.	☐	☐
Routinetätigkeiten fallen mir schwer, ich fühle mich müde dabei.	☐	☐
Manchmal schlafe ich gegen meinen Willen ein.	☐	☐
Wenn ich sitze und lese, werde ich bald sehr müde.	☐	☐
Wenn ich fernsehe, werde ich bald sehr müde.	☐	☐
Wenn ich im Auto, Zug usw. unterwegs bin, werde ich bald sehr müde.	☐	☐
Nach dem Essen werde ich oft sehr müde, auch wenn ich keinen Alkohol getrunken habe.	☐	☐
Wenn ich im Theater, bei einem Konzert usw. bin, werde ich rasch sehr müde.	☐	☐

	Ja	Nein
Wenn ich im Auto in einen Stau komme, schlafe ich manchmal fast ein.	☐	☐
Ich trinke mehr als vier Tassen Kaffee bzw. koffeinhaltigen Tee am Tag.	☐	☐

Auswertung

bis zu 4 Ja-Antworten	Sie schlafen genug.
5 oder 6 Ja-Antworten	Sie schlafen meist genug, aber an manchen Tagen sollte es mehr sein.
7 oder 8 Ja-Antworten	Sie haben zu wenig Schlaf; manchmal sind sie »abwesend«, der Mangel an Konzentration kann für Sie zum Problem werden.
9 bis 11 Ja-Antworten	Ihre Schlafprobleme sind unübersehbar; Sie fühlen sich sehr gestresst. Ihre Anfälligkeit, unangenehme Fehler zu machen, ist hoch.
12 bis 14 Ja-Antworten	Sie schlafen viel zu wenig; körperliche Leistungsfähigkeit und Konzentration sind ziemlich eingeschränkt, auch die Seele ist deutlich in Mitleidenschaft gezogen: Ihre Stimmung ist ausgesprochen labil.
15 bis 17 Ja-Antworten	Ihre Schlafprobleme sind so groß, dass Sie wahrscheinlich eine Behandlung brauchen. Wenn sie in ca. zwei Wochen immer noch bestehen, sollten Sie professionelle Hilfe in Anspruch nehmen.

Auch die folgenden Maßnahmen können als Anti-Stress-Medizin gute Dienste leisten[71]:

• Führen Sie ein Tagebuch für eine Woche.

- Streichen Sie alle Aktivitäten, die nicht unbedingt nötig sind, oder versuchen Sie, diese zu delegieren.
- Schaffen Sie sich Rituale: Versuchen Sie, sich einen Tag in der Woche ganz frei von beruflichen Inhalten zu gönnen. Bedenken Sie, wenn selbst der Schöpfer des Universums diese Regelung als förderlich empfindet, wie viel mehr brauchen Sie mit weit begrenzteren Ressourcen diese Oase der Erfrischung. Und: Es nützt wenig, früher nach Hause zu kommen, wenn dann ständig das Handy beruflich klingelt und stört.
- Das Leben ist zu kurz, um nur einfach von einem Termin zum nächsten zu hecheln. Lothar J. Seiwert, der bekannte Zeitmanagement-Spezialist, spricht in diesem Zusammenhang von »Entschleunigung« des Alltags. Unternehmen Sie Schritte, um die Menschen und Dinge um Sie herum bewusster wahrzunehmen. Über wen und was können Sie sich dabei freuen? Sie brauchen positive Erlebnisse – wie jeder Mensch. Planen Sie, wenn möglich, mehr Zeit zwischen beruflichen Meetings ein. Verplanen Sie nicht jedes Wochenende oder jeden Abend. Arrangieren Sie sich mit Umständen, die Sie nicht ändern können. Versuchen Sie eine zeitliche Distanz zwischen die Dinge, die Sie am meisten stressen, und sich selbst zu schaffen. Das ermöglicht Freiräume, Probleme von einer ganz anderen Perspektive zu betrachten.

2. Aufstand: In die Offensive gehen

Der Ausweg aus dem Burnout lässt sich so formulieren: Nicht auf*stecken*, sondern auf*stehen*! Martin Grabe bringt es nüchtern auf den Punkt:

»Um die eigene Situation zu verbessern, gibt es im Prinzip nur zwei Möglichkeiten: 1. Ändern: die derzeitige Problemlage ... mutig ansprechen, eigene Grenzen zeigen und im möglichen Rahmen aktiv Änderungen einleiten oder 2. Gehen: eine Tätigkeit aufgeben, um sich ein besser passendes Umfeld zu suchen.«[72]

Das ist also die erste, Weichen stellende Frage, vorausgesetzt, dass erst einmal wieder Kraft und Ruhe zum vernünftigen Nachdenken vorhanden sind:

- Gibt es überhaupt einen realistischen Ansatz dafür, dass ich die Verhältnisse, unter denen ich leide, verändern kann?
- Um welchen Preis würde das geschehen? Besteht der Preis womöglich in einem neuen Burnout, weil der Weg dorthin zu viel Kraft kosten würde?
- Wenn es aber eine Chance zur Veränderung gibt: Worin besteht sie? Was kann *ich* dazu tun?

Wenn deutlich wird, dass die Hoffnung auf Veränderung der Lage zu gering ist, macht es keinen Sinn, »darunter zu bleiben«.[73] Es ist dann vielmehr eine Frage der Verantwortung, sich nicht im Kampf gegen Windmühlenflügel aufzureiben, im unsinnigen Versuch, übermächtige, äußerst beharrliche Strukturen zu überwinden. Meiner Überzeugung nach gibt es in vielen Gemeinschaften, nicht zuletzt auch in christlichen Gemeinden, kranke und erstarrte Strukturen, die nicht mehr heilen, sondern sterben oder schon erstorben sind. Hier werden sehr viele Kräfte gebunden, die dadurch für Erneuerung und Wachstum fehlen.

Nun gibt es sicherlich Ausnahmen, wo Menschen intuitiv spüren, dass sie nicht aufgeben sollen, obwohl aus menschlicher Sicht keine Aussicht auf Veränderung besteht. Es ist aber unzulässig, daraus ein Gesetz des prinzipiellen »Darunterbleibens« zu folgern. Es ist zu befürchten, dass unzählige Burnouts durch falsche Hoffnungen entstehen, die viel zu lange aufrechterhalten werden. Glaubende Menschen scheinen meiner Meinung nach an dieser Stelle besonders gefährdet zu sein.

Aufstehen bedeutet, seinen eigenen Standpunkt zu finden, aus der Krise heraus wieder neu, selbst*ständig,* eigen*ständig* zu werden, (wieder) auf die eigenen Füße zu kommen. Und es bedeutet auch, zu *wider*stehen, das vernünftige Nein-Sagen einzuüben, dort, wo die übermäßigen eigenen und fremden Ansprüche nach uns greifen, die inneren und äußeren Antreiber. Besonders für Helfertypen ist das eine Herausforderung mit existenzieller Dimension – entscheidend für ihre Persönlichkeitsentwicklung.

a) Isolation überwinden

Der einsame Posten wird leicht zum verlorenen Posten. In dieser Position kann das subjektive Bild der Überforderung sich besonders gut zu unrealistischer Größe verzerren, und die Möglichkeiten zur Veränderung sind viel geringer. Der Einzelne wird weniger wahr- und ernstgenommen, vor allem auch, wenn er noch dazu gemobbt wird. Mobbinggefährdet sind u. a. Menschen, die auf belastende Erfahrungen mit sozialem »Rückzug, Grübeln, Selbstbeschuldigung, Selbstmitleid und Resignation« reagieren. »Offenbar ziehen Mobbingtäter aus derartigen Verhaltensweisen der Vermeidung und sozialen Abkapselung die Schlussfolgerung, dass mit einer ernsthaften Gegenwehr des Opfers nicht zu rechnen ist.«[74]

»Vereinzelung ist die große Versuchung unter glaubenden Menschen«, bemerkt der Theologe und Psychotherapeut Traugott Schall[75] – ein bedenkenswerter Satz, den man ohne Weiteres auch auf die Helferberufe ausdehnen darf. In der frühen Kirche wurden Gemeindeglieder dazu berufen, dafür Sorge zu tragen, dass kein Mitchrist in eine Außenseiter- und Einzelkämpferposition geriet: Es gab die »Aufseher«; das neutestamentliche Wort dafür ist *episkopos* (bei Luther mit »Bischof« übersetzt). Wir gebrauchen heute ein anderes Wort, das diese Funktion recht genau beschreibt: »Supervisor«. Genau genommen heißt das auch nichts anderes als »Aufseher«. Supervision enthält tatsächlich Elemente des neutestamentlichen Aufseherdienstes. Zu recht ist Supervision heute in Kirche und Helferberufen überall dort, wo Seriosität und Professionalität erwartet werden, ein »Muss«.

Ganz allgemein ist ein stabiles soziales Netz ein hochwirksamer Schutz gegen Burnout. Pines und ihre Mitautoren nennen »die effiziente und kreative Nutzung eines sozialen Unterstützungssystems eines der wirkungsvollsten Mittel zur Bewältigung des Ausbrennens«[76]. »Verschiedene Untersuchungen haben gezeigt, daß wirkungsvolle soziale Netzwerke oder Unterstützungssysteme am Arbeitsplatz dem Ausbrennen entgegenwirken.«[77] »Wir können es nicht genug betonen: Die Errichtung eines lebensfähigen Unterstützungssystems ist eines der effizientesten Mittel, das Ausbrennen zu vermeiden oder zu bremsen, aber vielen Menschen fehlt diese Unterstützung.«[78] Nichts geht über den unterstützenden Ehepartner und den wirklich guten Freund, der zuhören kann und will, ehrliche Rückmeldungen gibt, Solidarität schenkt und tröstet.

Isolation fördert den Burnout nicht zuletzt dadurch, dass der Einzelne zu wenig ermutigende Rückmeldungen bekommt. Wenn es keine Kultur des Miteinanders gibt, wo Lob und Anerkennung beständig Raum erhalten, wird das entstehende Vakuum bald zuwuchern durch das Unkraut der Gleichgültigkeit, scheinbarer Selbstverständlichkeiten und unnötiger Kritik, die uns so oft so viel leichter fällt als eine ehrliche Ermunterung.

b) Grenzen, Ziele und Kompetenzen klären

Überblick gewinnen

Durch den fortschreitenden Burnout geht mehr und mehr die Fähigkeit verloren, sich ein klares Bild von den tatsächlichen Verhältnissen zu machen. Wer aber nicht klar sieht, kann auch nicht wirkungsvoll verändern. Klar zu sehen heißt nicht, alles zu durchschauen, aber es heißt, genau zu wissen, was ich durchschauen kann und was nicht. Wenn ich zum Beispiel feststelle, dass Informationen, auf die ich für den reibungslosen Ablauf meiner Arbeit ein Recht hätte, nicht zugänglich sind, weil sie mir vorenthalten werden, geht daraus ziemlich deutlich hervor, dass manipuliert wird. Daraus habe ich meine Konsequenzen zu ziehen. Ich kann das aber erst wissen, wenn ich mich mutig und sorgfältig um die Informationen bemüht habe.

Dort, wo der Burnout durch übermäßige Arbeitsbelastung entsteht, ist es wesentlich, sich des Inhalts und der Grenze des Dienstauftrags deutlich bewusst zu werden. Dazu muss ich aber innehalten und Abstand gewinnen. Wer nur noch reagiert, ohne Besinnung zu finden, verliert den Blick für sinnvolle Ziele, gewinnt keine Übersicht und kann nichts ändern. Entspricht das, was ich arbeite, eigentlich (noch) dem, was von mir erwartet werden darf? Welche Ziele sind vereinbart? *Können* sie unter den gegebenen Umständen überhaupt verwirklicht werden? Zu welchem Preis? Bin ich bereit, ihn zu investieren? Was habe ich davon? Werde ich mich regenerieren können? Welche Arbeitszeiten sind vereinbart? Ist die Regelung ehrlich gemeint oder mit versteckten Erwartungen verbunden?

Sich die Verhältnisse aus dem Abstand heraus zu betrachten, kann leichter fallen, wenn jemand hilft, der den Abstand bereits mitbringt: ein Supervisor oder Coach. Besonders gilt das dann, wenn der Burnout schon begonnen hat, das Selbstwertgefühl geschwächt ist und sich der Gedanke eingeschlichen hat, dass ja doch aller Widerstand keinen Zweck haben wird.

Man kann durchaus einige Kennzeichen festmachen, an denen sich das Missverhältnis von Arbeit und den übrigen Lebensbereichen, also eine aus den Fugen geratene »Work-Life-Balance«, festmachen lässt.[79]

Ursachen	Kennzeichen und Konsequenzen
Mehrfachbelastung durch Eltern, Ehe/Partnerschaft, Kinder, Job, Freunde und ehrenamtliches Engagement	Motto: »Wie bekomme ich alle meine Engagements auf die Reihe?« Man fühlt sich wie ein Jongleur mit zu vielen Bällen.
Perfektionismus	Falsche innere Antreiber (siehe S. 13), Kontrollzwang und Selbstüberschätzung (Motto: »Ohne mich geht es nicht«), ständiger Zeitdruck, Stress.
Jeder Modewelle hinterherlaufen	Anthropologisch ist der Mensch mehr auf Konstanz und Sicherheit als auf Hetze angelegt. Häufige Richtungswechsel bringen die innere Uhr aus dem Gleichgewicht.
Nichts verpassen dürfen	»Ich muss auf jeder Hochzeit tanzen«, »keine Party ohne mich«. Innere (und äußere) Unruhe, Hektik.
Alles haben müssen	Unzufriedenheit mit dem Status quo durch häufiges Vergleichen mit anderen (»Was haben die? Das brauche ich auch!«), permanentes Gefühl, zu kurz zu kommen, wenn ich nicht das bekomme, was ich zu brauchen meine...
Kompensation von Minderwertigkeitskomplexen	Versuche, inneren Mangel durch Statussymbole auszugleichen. Salzwasser-Syndrom: Der Genuss macht nur noch durstiger.
Selbstlügen wie »Ich habe alles im Griff« oder z. B. »Ich bin doch ein Familienmensch« oder »Ich mache das nur für XY«	Wir gaukeln uns vor, wie wir gerne wären. Dabei geht es mit unserer Gesundheit bergab.

Falsche Vorbilder oder Neid	Kompensation eines Mangels. Hinterherlaufen hinter den Idealen anderer in der Annahme, damit Lebensglück bewirken zu können.
Flucht in die Sucht: Alkohol, Tabletten und andere Drogen	Wenn man etwas nicht beseitigen kann, dann möchte man es abschwächen, unterdrücken, zukippen. Auf den Rausch folgt aber in jeder Hinsicht der Kater. Jedoch verändert das die Situation nicht zum Positiven. Die Dosis muss also fortwährend erhöht werden.
Falsches Lebenskonzept: Ich muss mich beweisen und produzieren, sonst bin ich nichts wert.	Öffentliche Anerkennung (Auszeichnungen, Beförderungen, Erwähnungen in den Medien ...) dienen als Treibstoff. Das wird zur Sucht – es geht nicht mehr ohne. Viele Ex-Spitzensportler und ehemalige Politiker leiden darunter.

Und wie ist es mit den »äußeren Antreibern«? Sind das überhaupt menschenwürdige Strukturen in meinem Betrieb? Ist die Art und Weise, wie man mit mir umgeht, *wirklich* akzeptabel? Bin ich *tatsächlich* am richtigen Platz? Woran liegt es, dass mich meine Arbeit ständig so viel Kraft kostet? Bin ich überfordert, weil sie mir nicht liegt? Oder weil zu viel von mir verlangt wird? Wenn ich erkenne, dass ich unter den gegebenen Bedingungen mit hoher Wahrscheinlichkeit auch in Zukunft keine Freude an dieser Arbeit haben werde – warum muss ich dann *trotzdem* dabei bleiben? Was könnte denn im schlimmsten Fall passieren, wenn ich aufhören würde? Wir finden nur zu guten Lösungen, wenn wir uns erlauben, *alle* Möglichkeiten zu durchdenken. Oft wagen wir das nicht, weil wir fürchten, uns würde der reine Horror erwarten oder wir würden dadurch heilige Tabus brechen. Aber wenn wir das, wovor uns so sehr graut und was »man« auf keinen Fall darf, mutig anschauen, zeigt sich oft, dass wir den Ausweg nur darum nicht gefunden haben, weil wir diese Möglichkeit nicht ernsthaft ins Auge gefasst haben. Und dann kann sich dieser scheinbar unvorstellbare Weg, der nun auf einmal gar nicht mehr so verrückt oder falsch zu sein scheint, als der echte, gute Neuanfang erweisen. Dazu müssen wir uns aber eingestehen, dass wir auf dem bisherigen Weg gescheitert sind. Und das kann weh tun und Trauer bedeuten.

Realistisch planen

Nach einem Burnout durch Arbeitsüberlastung kann es kaum ohne Kürzungen und Umstrukturierung weitergehen. Das Leben nach dem Motto: »Es wird schon irgendwie gehen« hat ja ganz offensichtlich nicht funktioniert. Mehr als 24 Stunden täglich stehen uns nun einmal nicht zur Verfügung. Acht Stunden davon brauchen wir für den Schlaf. Und (mindestens) ein Tag in der Woche soll Feiertag sein, das hat unser Schöpfer so geordnet. Wenn wir nicht unweigerlich ausbrennen wollen, benötigen wir ein gesundes Maß an entspannenden Tätigkeiten und Untätigkeit, um zu regenerieren. Je dominierender die äußeren Antreiber sind, desto sorgfältiger will das geplant sein. Sonst werden die Inseln der Erholung erbarmungslos von den Flutwellen der Dringlichkeiten überschwemmt. Die Frage ist also: Was passt in diese 24 Stunden denn überhaupt hinein?

Ein gutes und unverzichtbares Mittel gegen Burnout ist darum der konsequente Zeitplan, vorausgesetzt, dass er dazu verwendet wird, verantwortlich mit den Kräften und Ressourcen Haus zu halten.

Die verantwortungsbewusste Zeitplanung erschöpft sich nicht im *Sparen* von Zeit. Das kann Selbstbetrug sein: Wir machen die Räume immer enger, weil wir immer mehr rationalisieren. Wir meinen, dadurch Zeit zu gewinnen, aber wir verkürzen nur die Abläufe und beschleunigen dadurch das Tempo unseres Lebensstils auf gefährliche Weise. (Häufig wird empfohlen, nur 60 bis 70 Prozent der Zeit zu verplanen, um das zu verhindern.) Oh ja, man kann »Zeit sparen«, indem man auf alles verzichtet, was nicht »nötig« ist. Es ist nicht »nötig«, für das Essen eine Pause zu machen. Es ist nicht »nötig«, Gespräche zu führen, die nicht zuvor definierten Zielen dienen. Es ist nicht »nötig«, zu musizieren und zu spielen. Aber was bleibt dann noch vom *Leben* übrig? Darum: Ein guter Zeitplan sichert nur dann gegen Burnout ab, wenn die Freiräume, die dadurch entstehen, auch wirklich Frei-Zeit ermöglichen, und das ist Zeit, die frei von Druck ist. Hier wird nicht nur einfach Zeit gespart, sondern hier werden Spiel-Räume *aus*gespart, buchstäblich zum Spielen, oder, weiter gefasst, um das zu tun, was Freude macht, was entspannt und belebt, um zu feiern und zu genießen, Zeit für Kultur und Kunst, für die Musik, für angenehme Gemeinschaft, für den Sport, für Erlebnisse und Entdeckungen, die das graue Einerlei des Alltags durchbrechen, Zeit zur stillen Einkehr, Zeit, die Hände weit aufzumachen, um sich von Gott beschenken zu lassen, Zeit zur dankbaren (Rück-)Besinnung. Es ist wie früher bei der Eisenbahn: vorne die Lok, hinten der Bremswaggon. Beides ist nötig: Beschleunigung und Verlangsamung. Rationelle Zeitplanung muss beidem dienen. Nur durch das verantwortliche Wechselspiel wird nachhaltig optimale Leistung erzielt.

Wenn wir mehr Zeit gewinnen, kann und soll das darum auch beides bedeuten: in mancher Hinsicht schneller voranzukommen, aber auch sich mehr Zeit zu *lassen*, also ruhiger, besonnener, zurückhaltender, aufmerksamer zu sein und sich auf Wesentliches zu beschränken, im Hier und Jetzt zu sein, morgen morgen sein zu lassen, sich ganz auf das Heute zu konzentrieren (vgl. Matthäus 6,34). Es geht weniger darum, die Dinge richtig zu tun, als darum, die richtigen Dinge zu tun: das, was besser heute als morgen getan wird, von dem zu unterscheiden, was auch morgen noch Zeit hat oder auch gar nicht (von mir selbst) getan werden muss. Das weise Sprichwort: »Weniger ist mehr« kann dazu gute Hilfe leisten. Selbst leben, statt sich leben zu lassen!

Vieles ist nur deshalb so anstrengend und langwierig, weil man immer weiter auf alten Trampelpfaden läuft, ohne zu überdenken, ob es nicht auch schneller, direkter und rationeller gehen würde. Muss denn zum Beispiel wirklich jeder Telefonanruf höchste Priorität besitzen, sodass ich alles stehen und liegen lasse, um nur ja noch rechtzeitig an den Apparat zu kommen, bevor der andere aufgelegt hat? Eigentlich eine seltsame und unnötige Gepflogenheit, oder? Oft sind es die unreflektierten Kleinigkeiten, mit denen wir uns den Stress machen. Bis zu einem gewissen Maß ist es zwar sinnvoll, auf gewohnten Bahnen zu bleiben, weil jede Änderung zunächst einmal zusätzliche Zeit und Kraft benötigt. Wenn man zum Beispiel dauernd auf das nächste technische Gerät wechselt, das natürlich immer noch *viel* besser ist als das alte, gehört dies in die Kategorie »Selbstbetrug«, von der wir gerade sprachen. Gute Gewohnheiten schützen gegen Burnout. Wenn ich mit meiner bisherigen Software gut fahre und völlig darauf eingespielt bin, habe ich den geringsten Stress und den größten Erfolg, wenn ich (vorerst) dabei bleibe. Aber wenn ich noch immer über keinen Internetanschluss verfüge und trotzdem intensive Kundenkontakte pflegen möchte, mache ich mir mit diesem technischen Defizit unnötigen Stress – es wird dringend Zeit zur Innovation. Wir brauchen ein Gespür für den Unterschied: Was kann ganz gut weiter so bleiben wie bisher? Und wann ist die Zeit wirklich reif für Neues?

So auch in der Familie: Die Zeiten ändern sich. Die Kinder werden allmählich erwachsen, beide Partner verdienen wieder Geld – und dennoch soll alles so weitergehen wie bisher – dass Mama einkauft, kocht, für die Wäsche zuständig ist und putzt? Eine Zeit lang mag es so die vernünftigste Lösung gewesen sein. Aber das ist in einer solchen Situation nicht mehr angemessen: Aus der Versorgungseinrichtung für Kinder ist eine Wohngemeinschaft von Leuten geworden, die alle gern erwachsen sein wollen und von denen einige vielleicht sehr auf ihre Rechte pochen. Sie dürfen auch Pflichten haben, denn nur dann wird es tatsächlich gerecht. Viele Frauen reiben sich in der Doppelfunktion von Beruf und Hausfrauendasein auf und halten sich für den Putzlumpen der Familie. So brennen sie aus. Sie müssten es nicht, wenn sie sich bewusst machen würden, dass neue Zeiten neue Regeln brauchen.

Fragen zum Zeitmanagement[80]
Haben Sie den Eindruck, ...

	fast nie	selten	manch-mal	oft	sehr oft
	1	2	3	4	5
... Ihre Zeit nicht optimal zu nutzen?	☐	☐	☐	☐	☐
... ineffektiv zu arbeiten, weil Sie zu müde/zu unkonzentriert sind?	☐	☐	☐	☐	☐
... sich zu oft zu verzetteln?	☐	☐	☐	☐	☐
... permanent unter Zeitdruck zu stehen?	☐	☐	☐	☐	☐
... Pausen nicht für Entspannung nutzen zu können?	☐	☐	☐	☐	☐
... von »Zeitdieben« beraubt zu werden?	☐	☐	☐	☐	☐
... permanent nicht Ihrer inneren biologischen Uhr entsprechend zu leben?	☐	☐	☐	☐	☐

Auswertung
- Sie haben bei mehr als 50 Prozent der Fragen mit »oft« oder »sehr oft« geantwortet?
- Sie haben einen Punktwert über 20 erreicht?

Dann ist Ihr Zeitmanagement wahrscheinlich erneuerungsbedürftig!

Klar, offen und ehrlich kommunizieren

Ob es das Beziehungsumfeld oder der Arbeitsplatz ist: Vor Burnout schützen kann sich nur, wer sich auf die Dauer an seinem Platz wohl und zu Hause fühlt. Das ist stark davon abhängig, wie viel Raum zu Selbstentfaltung und Selbstbestimmung dort vorhanden ist und wie viel Wertschätzung und ehrliche Anerkennung uns zuteilwird.

Wenn das dauerhaft nicht der Fall ist, gibt es nur zwei sinnvolle Alternativen: den Platz zu verlassen oder die Verhältnisse offensiv zu ändern. Dafür brauchen wir zunächst den Überblick: In welcher Situation befinde ich mich denn nun eigentlich wirklich? Ist das akzeptabel? Könnte es auch anders sein? Wie? Welche Rechte stehen mir zu? Was kann ich tun, damit es anders wird? Eine ganz wichtige Voraussetzung dafür, klare Sicht zu bekommen und die notwendigen Veränderungen herbeizuführen, ist die klare Kommunikation.

Jeder Mensch hat das Recht darauf, das, wofür er verantwortlich sein soll, auch genau zu verstehen. Offensive Kommunikation ist klärende Kommunikation: *Was* habe ich verstanden? Habe ich es auch wirklich so verstanden, wie es *gemeint* war? Und umgekehrt genauso: Mache ich *mich* verständlich? Kommt wirklich beim anderen an, was ich denke, fühle, meine, wünsche, fordere? Die allermeisten Konflikte entstehen durch Missverständnisse als Folge von unklarer Kommunikation.

Ein zentraler Teil des klaren Kommunizierens sind klare *Absprachen*. Wenn sie nicht bestehen, müssen sie herbeigeführt werden, auch wenn das unter Umständen viel Mut kostet, besonders dort, wo die andere Seite schlecht und herabwürdigend kommuniziert. Aber jeder Mensch hat nicht nur ein Recht auf Verständlichkeit, sondern auch auf einen respektvollen Umgangston. Es mag ein langer Weg sein, bis etwa ein Mitarbeiter seinem unbeherrschten Vorgesetzten gegenüber, der sich nur wenig um geordneten Informationsfluss kümmert, beides durchgesetzt hat. Aber sofern die Chance dazu besteht, lohnt sich der beharrliche Versuch allemal. Wichtig ist, sich mutige, aber auch gut erreichbare Teilziele zu setzen.

In besonders schwierigen Fällen lässt sich Veränderung nur durch den Zusammenschluss mit anderen Kolleginnen und Kollegen erreichen. Es ist vernünftig, dabei vorsichtig und strategisch vorzugehen, um nicht unnötigen Widerstand aufzubauen – aber jedenfalls offensiv! Sehr viel Energie zur Veränderung verpufft, wenn unzufriedene Mitarbeiter mit ihren Ansprüchen unter sich bleiben, hintenherum schlecht reden und vorneherum freundlich tun. Dadurch hat sich noch nie etwas zum Positiven gewendet, aber viel Mobbing beginnt auf diese Art.

Sehr oft ist es hilfreich, wenn nicht gar notwendig, Absprachen schriftlich zu fixieren. Bei Dienstverpflichtungen kommt es darauf an, dass buchstäblich alles, was von mir erwartet wird, auch schriftlich durch eine Vereinbarung oder einen Auftrag festgelegt ist. Wenn gleichzeitig mehrere Erwartungen bestehen, muss überdies deutlich sein, wo die Prioritäten liegen. Alles über die vereinbarte Priorität hinaus mag möglich und wünschenswert sein, aber es kann dann nicht berechtigterweise Gegenstand der Kritik werden, wenn es unterbleibt. Unerfüllte heimliche Erwartungen sind ein großer Stressfaktor und Motivationskiller. Umgekehrt sind klar formulierte Erwartungen auch die besten Voraussetzungen für klar definierte Erfolge.

Durch klare Absprachen wird der Spielraum für die eigene Kompetenz abgesteckt. Erst wenn ich genau weiß, was von mir tatsächlich erwartet wird, kann ich auch beurteilen, ob ich mich im abgesteckten Rahmen wohlfühlen werde oder nicht. Normalerweise steigt die Arbeitszufriedenheit mit dem Maß an Entscheidungsfreiheit innerhalb des Zuständigkeitsbereichs.

Oft kommunizieren wir nicht offensiv, weil wir uns das Recht darauf nicht zugestehen: »Ach, es ist ja nicht so wichtig« – womit gemeint ist: »*Ich* bin ja nicht so wichtig.« Wir glauben, es nicht zu verdienen, unter besseren Umständen zu leben und zu arbeiten. Darum melden wir keine Ansprüche an. Ist es wirklich so? Warum soll das, was ich anderen zubillige, nicht auch für mich selbst gelten? Wenn die Menschenwürde unantastbar ist, dann doch wohl auch meine? Wenn es irgendein Recht gibt, das ausgeschöpft werden darf – dann darf das doch wohl auch ich selbst? Um offensiv mit unserer Umgebung zu kommunizieren, um Wünsche und Ansprüche zur Geltung zu bringen, brauche ich ein positives Verhältnis zu mir selbst. Wie ich also mit anderen rede, hängt sehr davon ab, wie ich mit mir *selbst* rede. Eine gute Devise lautet: Gehe mit dir selbst so um, als wärest du dein bester Freund! Ein bester Freund sagt nicht zu allem »Ja und Amen«. Er kann herausfordernd und kritisch sein. Aber seine *Haltung* ist stets positiv: Er nimmt mich ernst, und er will, dass es mir gut geht.

Auch das ist Ideologie: wenn der Leistungswille und das Streben nach Erfolg für anrüchig gehalten und der Stolz auf die eigene Leistung und der Wunsch nach Anerkennung als Eitelkeit und Selbstsucht angesehen werden. Die Wahrheit ist: Wir *brauchen* beides. Anhaltende Erfolglosigkeit und fehlende Anerkennung führen zum Burnout, vor allem bei den besonders Guten und Engagierten, die sie eigentlich verdient hätten und nun bitter enttäuscht sind, weil sie so viel gegeben haben und so wenig zurückkam.

Ob uns Anerkennung zuteil wird oder nicht, hängt nicht zuletzt davon ab, wie wir zu uns selbst stehen und uns präsentieren. Wer aus falscher Bescheidenheit und überhöhter Selbstansprüche wegen sein Licht unter den Scheffel stellt, muss sich nicht wundern, wenn es nicht wahrgenommen wird.

Anerkennung können wir uns auch *holen*, wenn sie uns nicht gebracht wird. Besonders »Frauen haben oft Schwierigkeiten, die eigene Leistung anzuerkennen und ins beste Licht zu rücken.«[81] Das wird noch zusätzlich problematisch, wenn sie in der »Männerwelt« nicht wirklich ernst genommen werden. Das Problem betrifft auch die Frage nach angemessener Belohnung. Helfertypen »fühlen sich ›komisch‹, wenn sie darauf bestehen, dass sie ein Recht auf angemessene Entschädigung haben«.[82]

Wir können und dürfen aber auf uns aufmerksam machen, wenn das, was wir zu bieten haben, es wert ist. Wir können werben. Wir können auch aktiv die Rückmeldungen anderer einholen.

c) Sich selbst ernst nehmen und sich Gutes tun

Wie gehe ich mit mir selbst um? Gott hat uns mit der Fähigkeit ausgestattet, übermäßigen, schädigenden Stress recht gut wahrzunehmen. Dafür sind die unangenehmen Gefühle da. Sie funktionieren wie rote Signallampen: »Da stimmt etwas nicht!« Bei körperlichen Schmerzen leuchtet uns das ein: Natürlich, sie zeigen einen Defekt an. Aber dass dies im Grunde genommen für *alle* unangenehmen Gefühle gilt, machen wir uns kaum bewusst. Sehr verbreitet ist sogar die Meinung, man soll solche Gefühle am besten überhaupt nicht haben! Darum versuchen viele Menschen, sie zu verdrängen. »Ein Indianer kennt keinen Schmerz!«, »Weinen ist Schwäche«, »Sich ärgern bedeutet Kontrollverlust«, »Ein Mann hat keine Angst« oder, nicht selten bei gläubigen Menschen: »Man muss es eben nehmen, wie es Gott gefügt hat«, so lauten beispielsweise die Parolen, mit denen wir uns und anderen unangenehme Gefühle verbieten. Damit bekommen wir sie aber nicht los. Sie sind uns treu und lassen sich nicht mundtot machen. Wenn wir sie wegdrängen, verlagern sie sich von der Seele in den Körper. Und wir haben dann ein doppeltes Problem: Erstens ist es sehr anstrengend, Gefühle permanent wegzudrängen, und zweitens machen sie uns dort, wohin wir sie drängen, psychosomatisch zu schaffen, indem sie sich zum Beispiel in körperliche Schmerzen verwandeln. Aber auch dann ist es nicht zu spät, sofern wir nur bereit sind, auf diese Stimmen zu *hören*. Wenn wir jedoch ständig die Warnsignale des Körpers ignorieren, *zwingt* er uns irgendwann zum Innehalten. Im schlimmsten Fall kann das einen unumkehrbaren Schaden mit sich bringen – oder sogar den Tod.

Für andere da sein, ohne sich selbst aufzugeben

Mit dem Helfen ist es wie bei einem Medikament: Überdosiert schädigt es – man wird süchtig, die Gesundheit geht kaputt oder man stirbt sogar daran. Aber wenn es so eingenommen wird, wie der Arzt es verschreibt, trägt es wesentlich zur Gesundung bei. Das Helfersyndrom steht für überdosiertes soziales Engagement: Die gesunde Balance von Nähe und Distanz fehlt – die Distanz ist zu gering. Nur aus der Distanz kann ich den Hebel ansetzen, um dem anderen zu helfen (vgl. die Abbildung). Wenn die Distanz zu gering ist, ist dies einer der direktesten Wege in den Burnout. Wenn das Helfen aber wohldosiert ist, wird es zur besten Medizin *gegen* das Ausbrennen. Denn es tut uns einfach selber gut, wenn wir für andere da sein können. Die Stressforschung hat gezeigt: Wenn es nicht im Übermaß geschieht, hat das soziale Engagement eine deutlich stress*lindernde* Wirkung. Es stärkt nachweislich die körperliche und seelische Gesundheit. Leider setzt sich dieses Wissen in unserer von Egoismus und Hedonismus geprägten Gesellschaft aber noch zu wenig durch.

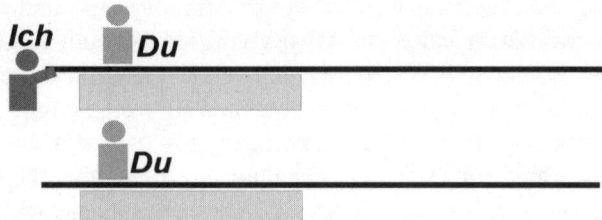

Abbildung:
Die »Hebelwirkung« geht verloren, wenn ich dem anderen mit meinen Hilfsbemühungen zu nahe komme. Außerdem steht das »Du« in diesem Fall bedrohlich über dem »Ich«: Wenn der Helfer dem Hilfsbedürftigen zu nahe kommt, wird er leicht von ihm missbraucht (z. B.: »Du musst jederzeit für mich da sein«). Hilfe aus einem gesunden Abstand heraus ist viel effektiver.

Gesunder *Altruismus,* gesunde Uneigennützigkeit ist jedoch nur dort möglich, wo sie sich durch gesunden *Egoismus* die Grenze zeigen lassen. Diese besteht vor allem in der Fähigkeit, gesunden Abstand zu wahren.

Von Natur aus einfühlsame Menschen, denen das Helfen »im Blut« liegt, sind dünnhäutiger als andere. Das Leid ihrer Mitmenschen geht ihnen mehr zu Herzen. Wenn ihre Hilfsbemühungen Erfolg haben, tut es ihnen gut, wenn aber nicht, belastet es sie umso mehr. Sie können es kaum ertragen, wenn der Hilfsbedürftige nicht wunschgemäß auf ihr Engagement reagiert. Um das zu vermeiden, sind sie mit besonderem Nachdruck darum bemüht, dass ihre Hilfe Erfolg hat. Dadurch laufen sie aber Gefahr, dem anderen zu nahe zu kommen und ihn letztendlich in etwas hineinzuzwingen, das er gar nicht will. Das wird noch zusätzlich durch die kulturelle Norm gefördert, ein guter Helfer müsse sich »aufopfern«, worunter der Verzicht auf die eigenen Bedürfnisse verstanden wird.

Je mehr ich Zeit und Kraft dafür investiere, auf den anderen Einfluss zu nehmen, desto weniger wird es mir gelingen. Je mehr ich unbedingt bewegen will, desto weniger werde ich wirklich verändern. Die Voraussetzung effektiver Hilfe besteht darin, dem anderen nicht allzu nahe zu kommen, und das bedeutet wiederum: bei allen Hilfsbemühungen doch bei sich selbst zu bleiben, die Souveränität nicht zu verlieren, sich jederzeit freiwillig investieren, aber dann auch wieder genauso freiwillig zurücknehmen zu können.

Man kann aber auch auf der anderen Seite vom Pferd fallen, indem man die Distanz übertreibt. Der Zynismus des Ausgebrannten ist eine Variante dieser Haltung. Ihm bietet sich das schier überall angebotene Mäntelchen der Selbstverwirklichungsideologie an, die dem Grundsatz folgt: »Verzichte nie und tue nur, wozu du Lust hast!« Zu oft wird die Notwendigkeit der Abgrenzung überbetont. Dann wird das vernünftige Haushalten mit der Warmherzigkeit durch Gefühlskälte ersetzt. Gern wird diese dann auch noch mit »Professionalität« verwechselt. Es geht aber nicht um das eine *oder* das andere, um Nähe *oder* Distanz, sondern um die gesunde Ausgeglichenheit zwischen beiden.

Freundliche Grenzen setzen

Wenn das Gleichgewicht zwischen Anforderungen und Ressourcen zugunsten der Anforderungen verloren gegangen ist, liegt es häufig daran, dass dieser Mensch zu viel mit sich machen ließ. Er wurde ausgenutzt. Der Gegenpol heißt »gesunder Egoismus«, und das bedeutet: »Nein sagen« und »sich abgrenzen«.

Ein Beispiel aus meiner Beratungspraxis: Frau Icks, Softwarespezialistin in einer großen Firma, wurde über Jahre hinweg mit Projekten beauftragt, die im vorgegebenen Zeitrahmen einfach nicht machbar waren. Ihre Einwände interessierten nicht. Bisher hatte sie mit unzähligen Überstunden das Unmögliche möglich gemacht und war dadurch gefährlich weit in einen Burnout geraten. Ihre besondere Arbeitsleistung wurde nicht honoriert, sondern als selbstverständlich hingenommen, nach dem Motto: »Siehst du, es geht doch!« Frau Icks beschloss, die Verantwortung für die Fehlplanung in Zukunft nicht mehr selbst zu schultern, sondern sie bei ihrem Vorgesetzten zu belassen: Sie wies weiter auf die Unmöglichkeiten hin, blieb mit ihrer Arbeitszeit aber von nun an im vertraglich festgelegten Zeitrahmen. Jetzt erst begriff der Vorgesetzte, dass seine Zeitplanung tatsächlich unrealistisch war.

Zwischen Staaten kann es unfreundliche und freundliche Grenzen geben. Unfreundliche Grenzen werden durch Stacheldrähte und abweisende Mauern markiert. Freundliche Grenzen sind unauffällig und dienen nicht dem Zweck, die anderen abzuhalten, sondern den Kontakt mit ihnen konstruktiv zu regeln. Grenzen definieren, was möglich ist und was nicht. Wer nicht aktiv Grenzen setzt, wird von anderen so wahrgenommen, als hätte er keine. Darum geht man auch entsprechend mit einer solchen Person um und macht sie zum »Packesel«: »Wer kann das übernehmen? Natürlich fragen wir Frau Icks – die macht das schon.« Warum? Weil sie erfahrungsgemäß nicht »nein« sagt. Und flugs tappt Frau Icks wieder in die »Sei-so-nett-Falle«: Man schmeichelt ihr, macht ihr ein Kompliment, lobt ihre Treue und Zuverlässigkeit – und bürdet ihr die nächste Last auf. Das wird sich immer weiter fortsetzen, so lange Frau Icks mitmacht. Sie hat auch etwas davon, denn sie gilt als »netter Mensch«. Aber der Preis ist zu hoch: Sie brennt dabei aus.

In manchen Ländern ist es Sitte, einen Rest auf dem Teller zu lassen, wenn man nicht möchte, dass er wieder gefüllt wird. Der leere Teller wird als Zeichen dafür gedeutet, dass der Gast noch nicht genug bekommen hat. Dem leeren Teller entspricht in der Arbeit die *allzu* vorbildliche Disziplin und Dienstbereitschaft. Grenzen zu setzen heißt darum auch, nicht naiv mit dem eigenen erfolgreichen Zeitmanagement umzugehen, etwa nach dem Motto: »Schaut mal, wie gut ich alles schaffe und wie viel Zeit mir noch übrig ist!« Wenn wir mit Bedauern eines »feststehenden Termins« wegen eine scheinbar wichtige Sitzung auslassen, geht es zum Beispiel niemanden etwas an, dass dieser Termin dafür reserviert ist, uns »nur« um unsere

Erholung, die Gesundheit, die Ehe oder die Kinder zu kümmern. Nein, eben *nicht* »nur«!

Wer Zeit *hat* und dies durchblicken lässt, wird schnell verdächtigt, er habe sie im Überfluss und wisse nichts Rechtes damit anzufangen. Dann sind diejenigen erleichtert, die beständig eindrucksvoll ihre »unmäßige Arbeitsüberlastung« beklagen, an der aber nicht selten vor allem ihr Disziplinmangel schuld ist. Diese haben dann wieder einen dankbaren »Packesel« gefunden.

Wer gern Verantwortung übernimmt, wird auch gern ausgenutzt und im Stich gelassen. Und wenn er dann irgendwie nicht wunschgemäß funktioniert, wird er unter Umständen auch noch gerade von denen, die ihn mit der Last allein ließen, gnadenlos kritisiert. Es will geschickt angegangen sein, es kostet Mut, und vielleicht ruft es auch Widerstand im Umfeld hervor, die Packesel-Rolle zu verlassen, doch die Langzeitwirkung lohnt sich in jedem Fall.

Ausgleich und neuen Anreiz schaffen

Ausbrennen wird erheblich durch Monotonie gefördert. Das gesunde Wechselspiel von Stress und Entspannung, Pflicht und Vergnügen, Beruf und Privatleben, Arbeit und Freizeit ist der Einseitigkeit gewichen. Das Leben ist ein mühevoller Trott geworden; nichts freut mehr richtig. Das Arbeiten ohne Ende mag sogar zur Sucht geworden sein, um die endlose Leere zu füllen. Es scheint nichts mehr zu geben, woran der Betroffene sonst noch Freude hat. Aber wie bei einem Suchtmittel bietet auch die Arbeit keine wirklichen Anreize mehr. Mehr als den jeweils kurzen Kick und die Betäubung gibt sie nicht mehr her. Sie reizt nicht mehr wirklich, sie ist ein Zwang und keine Lust. Es gibt nichts mehr daran zu genießen.

Burnout kann nachhaltig überwunden werden, wenn Motivation und Ausgeglichenheit zurückkehren. Es geht nicht nur darum, frühere Motivationsfaktoren zu reaktivieren, sondern es geht auch um neue, lohnende Ziele. Das betrifft sowohl die

Lust an der Arbeit als auch die Lust zur freien Zeit. Wie kann ich mich fort- und weiterbilden? Kann ich eine andere berufliche Position erreichen, die meinen Ansprüchen, Wünschen und Fähigkeiten besser genügt als die bisherige? Welche Freizeitbeschäftigungen machen mir Freude, welche Hobbys? Wie plane ich meine Urlaube, und zwar so, dass ich mich wirklich dabei *erhole*? Was hätte ich schon immer gerne einmal gemacht? Gibt es Tätigkeiten, die mich so erfüllen, dass ich mich darin selbst vergessen kann? Und sind wirkliche Gegenpole zu dem dabei, was ich beruflich mache, oder ist das alles nur eine versteckte Fortsetzung meiner Arbeit unter veränderten Vorzeichen? Was bedeutet es eigentlich für mich, wenn ich mich *wohl*fühle? Weiß ich das überhaupt noch? Es will wieder neu entdeckt sein.

Wie schon gesagt: Burnout entsteht sowohl bei *Über*forderung als auch bei *Unter*forderung. Zwischen beidem liegt die lohnende *Heraus*forderung. Der Hochspringer kann sich demotivieren, indem er die Latte entweder zu hoch oder zu niedrig auflegt. Spaß macht es nur, wenn er sich verbessert. Das heißt: Er kann und sollte durchaus die Latte höher legen, aber immer nur so weit, dass er es schaffen kann. Wir brauchen echte Erfolgserlebnisse, um motiviert zu bleiben, aber sie müssen auch wirklich erreichbar sein!

Pines und ihre Mitautoren haben sechs Variablen für den erfolgreichen Kampf gegen Burnout herausgefunden:[83]

- *Lernen* – Führungskräfte beugen erfolgreich gegen das Ausbrennen ihrer Mitarbeiter vor, wenn sie großzügig Fort- und Weiterbildung, Training, Coaching und Supervision fördern und gewähren. Der Einzelne schützt sich gegen Burnout, indem er selbst aktiv Derartiges sucht.
- *Sinn und Bedeutung* – »Unsere Forschungen haben gezeigt, daß der Verlust des Gefühls von Sinn und Bedeutung wesentlich zu Überdruß und Ausbrennen beiträgt.« Die Autoren sprechen hier unter Hinweis auf Viktor Frankl von »existenzieller Neurose«. Der Sinnverlust wird maß-

geblich durch die materialistische Wirtschaftsethik bestimmt, wonach der Einzelne nur ein »Rädchen im Getriebe« ist, das seinen Zweck darin erfüllt, Verkaufswerte für Produkte in die Höhe zu treiben, deren Zusammenhang mit seiner eigenen Arbeitsleistung kaum noch wahrzunehmen ist. »Überdruß kann also entstehen, wenn das Leben oder die Arbeit sinnlos erscheinen. Das Bedürfnis nach Sinn ist vielleicht in den Positionen am stärksten, deren Inhabern das Gefühl der Vollendung oder der Wirksamkeit fehlt.« Dass diese Reduktion des arbeitenden Menschen auf einen Produktionsfaktor mit sehr begrenzten Einflussmöglichkeiten ein wesentlicher Grund für die weltweit epidemische Verbreitung von Depression ist, hat der Verhaltensforscher Martin Seligman schlüssig mit seinem Modell der »erlernten Hilflosigkeit« aufgezeigt. »Erlernte Hilflosigkeit« entsteht, wenn ein Mensch zu oft die Erfahrung macht, keinen vorteilhaften Einfluss auf seine Umgebung ausüben zu können.

Dazu meint Johann Tikart, Geschäftsführer eines Großunternehmens, das konsequent und (wirtschaftlich) erfolgreich einen mitarbeiterorientierten, sozial-integrativen Führungsstil durchgesetzt hat: »Jeder Mensch hat eine tiefe Sehnsucht nach sinnerfülltem Leben. Ihn auf seine materiellen Bedürfnisse zu reduzieren heißt, ihm nicht gerecht zu werden. Doch genau das hat die Betriebswirtschaft in den letzten Jahrzehnten getan. Sie hat die Menschen zu Verrichtern von Verrichtungen herabgewürdigt, die angehalten werden, alles so zu tun, wie es irgendjemand vorgegeben hat, der seinerseits wieder Weisungsempfänger ist.«[84]

- *Erfolg und Leistung* – »Erfolg und Leistung sind positive Lebensaspekte, die den Überdruß mildern und zu Gefühlen der Erfüllung verhelfen können.« Allerdings können Erfolg und Leistung auch überbetont und dadurch wieder selbst zur Stressquelle werden. Darum gelte: »Um Erfolg zu einem positiven Lebensereignis zu machen, muß man lernen, erfolgreich vollbrachte Leistungen in Ruhe zu genießen und dieses Erlebnis zu einem Teil des Selbst zu verarbeiten.«

- *Vielfältigkeit* – Ihre Untersuchungen haben gezeigt: »Menschen, die vielfältige Tätigkeiten haben und dabei ihre Fähigkeiten einsetzen können, erleben selten Überdruß... Wir empfehlen allen Leuten, nicht immer zu wiederholen, was sie gut können, sondern ihr Leben und ihren Beruf durch Abwechslung und neue Herausforderung vielfältiger zu gestalten.« Wenn dies unter den gegebenen Arbeitsverhältnissen nicht möglich sei, solle über einen Berufswechsel nachgedacht werden.

- *Flow-Erlebnisse* – Die Quantität der Arbeit raubt nur dann die Energie, wenn der Inhalt der Arbeit aufreibend ist, weil lebensfeindliche äußere oder innere Antreiber dominieren, die Begabung fehlt oder die Arbeit dem Zweck dient, damit authentische Bedürfnisse zu überdecken. Es gibt aber auch die restlose Hingabe an die Berufung aus ganzem Herzen. Berufung ist das »innere Muss«. Dieser Drang kann so stark sein, dass manche Lebensbereiche zu kurz kommen, wenn nicht andere Menschen da sind, die sich fürsorglich darum kümmern. Das »innere Muss« ist der sehr lebendige, durchaus nicht kranke Antrieb zu Höchstleistungen und kreativen Neuerungen in Kunst, Wissenschaft, Politik und Religion. Wer davon beseelt ist, lebt passioniert, das heißt: mit Leidenschaft. Das bedeutet, wie beide Wörter bereits andeuten, immer auch Leiden. Aber es ist kein Leiden, das die Motivation ersetzt, sondern es ist ein Leiden aus der Motivation heraus und um der Motivation willen. Trotz allem dominiert die *Freude* an der Tätigkeit. Das Erlebnis, mit Freude und ganz hingegeben bei der Sache zu sein, hat der Stressforscher Mihaly Csikszentmihalyi gründlich untersucht und als *Flow* bezeichnet. Pines und ihre Mitautoren schreiben:

»Die Erfahrung des Flow scheint ein Gegenpol von Überdruß zu sein. Tatsächlich weisen vorläufige Ergebnisse darauf hin, daß Menschen, die bis zum Flow in Tätigkeiten aufgehen, weniger Überdruß berichten.«

- *Selbstverwirklichung* – »Man sollte meinen, daß Menschen, deren Lebens- und Arbeitsbedingungen ihnen erlauben, sich herausgefordert zu fühlen, und ihnen das Gefühl vermitteln, daß sie ihre Potentiale verwirklichen können, nicht durch Ausbrennen und Überdruß gefährdet sind; tatsächlich gibt es Daten, die diese Erwartung bestätigen.«

- *Gefühl des Zusammenhangs* – Auf das durch den israelischen Medizinsoziologen Aaron Antonovsky entdeckte »Gefühl des Zusammenhangs« nehmen Pines und ihre Mitautoren ebenfalls Bezug. Das »Gefühl des Zusammenhangs« (*sense of coherence*) ist nach Antonovskys Forschungen der grundlegende Faktor für dauerhafte seelische Gesundheit, die auch durch schwerste Krisen keinen Schaden nimmt. Antonovsky hat ihn signifikant häufig bei glaubenden Menschen jüdischer und christlicher Religion gefunden. Er hat auch den für das Gesundheitswesen bedeutsamen Begriff *Salutogenese* (= »Entstehung von Gesundheit«) geprägt.

3. Einkehr: Die Lebensphilosophie überprüfen und verändern.

Rückzug meint das teilweise passive »Auftanken«. Aber dabei kann es nicht bleiben. Wenn der »Aufstand« Erfolge zeitigt, wenn sich die Situation durch offensives, veränderungsorientiertes Verhalten so weit geändert hat, dass wieder ein Arbeiten unter akzeptablen Bedingungen möglich ist und dass in den Beziehungen und in der Freizeitgestaltung wieder Freude eingekehrt ist, sollte der entstandene Freiraum für eine neue, aktive Vorwärtsbewegung genutzt werden, eine Bewegung der Einkehr, um neuen Sinn zu suchen und zu finden. Sonst besteht die Gefahr, wenn der Druck zu groß wird, über kurz oder lang in die alten Mechanismen zurückzufallen. Einkehr ist nicht Stillstand. Einkehr geschieht in der Bewegung des Umkehrens. Ich kehre um, indem ich mich abkehre von dem, was mich in den Burnout trieb. Ich überdenke meine Lebensphilosophie. Ich stelle neu die Frage nach dem Sinn.

a) Unrealistische Erwartungen korrigieren

Habe ich überhöhte Ansprüche an mich selbst gestellt? Bin ich meiner eigenen Forderung nach Perfektionismus aufgesessen? War ich nicht bereit, auf die ganz besondere Leistung zu verzichten, und bin deshalb unverantwortlich mit meinem Energiehaushalt umgegangen? Was habe ich dafür geopfert? Das Getriebensein, durch das ich in den Burnout geriet, hat nicht nur äußere Gründe, sondern es lag auch an mir. Ich habe mitgemacht in diesem System, ich habe das alles mit mir machen lassen. Musste ich das wirklich? Kann ich in Zukunft meine Prioritäten anders definieren?

Es sei daran erinnert, dass die »inneren Antreiber« die größte Macht besitzen, in den Burnout zu treiben. Den stärksten Druck verursacht sicher der Perfektionismus. Wer jedoch immer unbedingt alles richtig machen will, *blockiert* dadurch gerade seine Schaffenskraft.

In der folgenden Tabelle sind einige für Burnout typische Muss-Forderungen genannt, die dem, der sich von ihnen bestimmen lässt, so selbstverständlich scheinen und sich doch bei näherem Hinsehen als unrealistische, unnötige und unvernünftige Aussagen offenbaren.

Irrationale Behauptung	Formulieren Sie eine realistische Alternative!
Ich muss unbedingt perfekt sein, sonst bin ich nichts wert!	
Ich darf keine Fehler machen, sonst bin ich eine Niete!	
Wenn ich es nicht mache, passiert eine Katastrophe (denn ich bin unersetzlich)!	
Ich darf nicht »nein« sagen, sonst werde ich abgelehnt, und das kann ich nicht ertragen!	
Wenn ich die Verantwortung für die Person XY nicht übernehme, kommt sie nicht zurecht, und das wird eine Katastrophe sein, an der *ich* schuld bin!	

Solche Gedanken sitzen meist tief und ähneln dem Unkraut, das immer wieder neu aufschießt, wenn es gejätet wurde. Es hilft aber nichts: Entweder greift es weiter um sich, oder wir reißen es geduldig wieder aus. Aber dazu müssen wir es erst von den Nutzpflanzen unterscheiden können. Das bedarf der Übung. Denn irrationale Grundüberzeugungen sehen bei oberflächlicher Betrachtung oft verführerisch nützlich und vernünftig aus. Wenn beides zusammenkommt – das Unterscheiden und das beharrliche Jäten – können wir dem Gedankenunkraut wirklich und nachhaltig Herr werden.[85] »Jäten« bedeutet, die Schein-Logik dieser Gedanken zu entkräften. Das geschieht nicht dadurch, dass wir diese Gedanken einfach nur verneinen – dadurch werden wir sie nicht los. Entmachtet werden sie nur durch bessere, angemessenere und realistischere Alternativen.

Die erbarmungslosen »inneren Antreiber« weisen stets dasselbe Grundmuster auf: Sie kennen nur Schwarz oder Weiß, vollkommen richtig oder vollkommen falsch, böse oder gut. Sie behaupten alle, dass etwas ganz Schreckliches passiert, wenn wir ihnen nicht gehorchen: Wir selbst seien dann nichts mehr wert, das Leben habe dann überhaupt keinen Sinn mehr und dergleichen mehr. Fast immer sind solche Befürchtungen völlig überzogen. Der direkteste Weg zu ihrer Widerlegung ist deshalb oft die Frage nach dem schlimmsten Fall: »Was würde denn nun eigentlich *wirklich* passieren, wenn ich einen Fehler machen würde und mich andere sogar deswegen ablehnen würden?« »Oder was geschieht, wenn ich diese scheinbar so lebensnotwendige Arbeitsstelle, an der es sich nun einmal nicht leben lässt, ohne dabei kaputtzugehen, *doch* aufgeben würde, wenn ich vielleicht mit weniger Geld auskommen müsste, dafür aber Frieden hätte?« Immerhin sagt die Bibel: »Besser ein Gericht Kraut mit Liebe als ein gemästeter Ochse mit Hass« (Sprüche 15,17). Es wäre sicher unangenehm, aber wäre es auch eine Katastrophe, die auf gar keinen Fall geschehen darf? Nein, denn auch dann gäbe es einen Weg, der weiterführen würde. Er mag nicht leicht sein, aber er ist möglich. Er mag vielleicht sogar nur das geringere von zwei Übeln sein. Sehr oft zeigt sich jedoch, dass er sogar wesentlich besser ist als der augenblickliche Zustand.

Die Verwaltungsangestellte Ypsilon Zett zum Beispiel bringt sich selbst unter großen Druck, weil sie glaubt, auf gar keinen Fall Fehler machen zu dürfen. Denn jeder Fehler würde nur offenbaren, dass sie für ihre Arbeit ungeeignet sei. Ihr Kollege spürt die Unsicherheit und nutzt sie aus. Er schiebt seine eigenen Mängel auf Frau Zetts scheinbares Unvermögen. Dadurch wird ihr Druck natürlich noch viel größer. Sie wagt es aber nicht, mit ihrem Chef darüber zu reden, weil sie auch den Anspruch an sich hat, perfekt angepasst sein zu müssen, immer nur nett und niemals kritisch. Ein innerer Antreiber befiehlt ihr das und droht für den Fall des Ungehorsams mit furchtbaren Ereignissen. Wenn sie nur an die *Möglichkeit* eines Gesprächs mit ihrem Vorgesetzten über das Problem denkt, sieht sie in ihrer Fantasie schon die Katastrophe kommen: Er wird sie »zur Schnecke« machen, er wird ihr vorhalten, sie sei völlig unfähig und sie habe kein Recht, sich zu beschweren – und dann wird er sie in hohem Bogen auf die Straße setzen. Als Frau Zett den schlimmsten Fall aber tatsächlich nüchtern durchdenkt, merkt sie, wie unrealistisch und unwahrscheinlich diese Angst ist. Schließlich wagt sie, gut vorbereitet durch ein Gespräch mit ihrem Coach, ihren Chef einzuweihen und um Hilfe zu bitten. Der antwortet zu ihrer Überraschung freundlich: »Ich danke Ihnen für diese Informationen. Ich werde mich darum kümmern; machen Sie sich keine Sorge.« Eine Woche später ist Frau Zetts Kollege entlassen. Der Chef hatte schon lange sein unsoziales Verhalten mit Argwohn beobachtet. Frau Zetts Rückmeldung gab ihm den letzten Anstoß zu dieser Entscheidung, die er sich nicht leicht gemacht hatte.

Natürlich ist das ein sehr positives Beispiel, und viele andere ließen sich nennen, die ganz anders ausgehen. Aber in sehr vielen Fällen wird der Mut belohnt. Wenn das Gespräch mit dem Chef auch anders verlaufen wäre – Frau Zett hätte doch einen mutigen Schritt gewagt, und mit jedem weiteren Schritt dieser Art hätte sie sich mehr aus der Umklammerung der Angst befreit. Auf jeden Fall hätte sie immerhin erkannt, was möglich ist und was nicht. Sie hätte die lähmende Hilflosigkeit hinter sich gelassen.

b) Sinn und Glauben neu entdecken

Burnout hat Sinn, wenn Neuorientierung daraus hervorgeht. Besonders häufig brennen Menschen aus, wenn sie in die Midlife-Crisis gekommen sind. Für sie stellt sich ohnehin die Frage nach Sinn und Zielen neu. Der Burnout nötigt sie dazu. Kann ich ihn als Brandrodung im Dschungel meiner verworrenen Zielvorstellungen verstehen? Ich hatte ja nie Zeit, über mein Leben nachzudenken. Ständig waren neue Dringlichkeiten hervorgewuchert und haben die zarten Pflanzen der Selbstfindung erstickt. Welche Ziele lohnen sich denn wirklich für mich? Was entspricht mir? Worauf will ich hinaus? Wie soll mein Leben in 10, 15, 20 Jahren aussehen? Kurzfristige Zielsetzungen sind sehr wichtig, um die scheinbare Ausweglosigkeit des Burnout zu überwinden, aber sie besitzen auf die Dauer nicht genug Motivationskraft, wenn sie nicht höheren Zielen untergeordnet sind, in denen wir uns mit dem, was uns vor allem wertvoll ist, voll und ganz wiederfinden. Da der Mensch nichts so dringend braucht wie stabile, gute Beziehungen, stellt sich fast unvermeidbar nun auch die Frage, welchen Stellenwert Partnerschaft, Familie und Freundschaften fortan haben sollen.

Was kann ich aus der Krise lernen? Es geht nicht nur um Selbstkritik, sondern auch um eine neue Ausrichtung, eine veränderte Haltung. Die Krise hat schon Sinn gehabt, wenn ich dadurch demütiger geworden bin. Dann werde ich auch mehr Verständnis und Geduld für andere haben. Dadurch entsteht Vollmacht, anderen beizustehen, die Ähnliches durchleiden. Burnout, so schreiben Ayala Pines und ihre Mitautoren, »kann den Weg zu klareren Einsichten in das Selbst weisen, das Einfühlungsvermögen anderer Menschen gegenüber verfeinern und wichtige Lebensveränderungen, Wachstum und Entwicklung einleiten. Menschen, die das Ausbrennen erlebt und überwunden haben, finden fast ausnahmslos zu allgemein besseren, anregenderen und weniger einengenden Lebensbedingungen.«[86]

Welchem Gott bin ich gefolgt? Gott ist die Liebe. Den Menschen, der ihm vertraut, versorgt er mit väterlicher Güte. Die Bibel fordert uns immer wieder auf, uns keine Sorgen zu machen, sondern unsere Sorgen ganz und konsequent Gott zu überlassen. Allerdings ist dieser Weg des Vertrauens auch anspruchsvoll und manchmal sehr herausfordernd. Die Herausforderung für den Glaubenden besteht darin, dass Gott ihn oft mit Problemen konfrontiert, die nach menschlichem Ermessen und aus eigener Kraft *nicht* zu bewältigen sind. Darum sagt die Bibel: »Der Glaube ist ein Nichtzweifeln an dem, was man nicht sieht« (Hebräer 11,1b). Es gehört somit zur *Normalität* des Glaubens, eine Zeit lang überfordert zu sein und zur Bewältigung der Herausforderung Gott dringend nötig zu haben. Die Bibel selbst ist voller Beispiele dafür. Daraus folgt: Wenn die vorhandenen Ressourcen den Herausforderungen nicht entsprechen, kann es damit zu tun haben, dass die *Glaubens*ressource ungenügend aktiviert ist. Die Hilfe liegt nicht darin, »mehr« zu glauben, sondern darin, das Gottesbild zu überprüfen. Einem harten, unbarmherzigen, tyrannischen, unberechenbaren, beängstigenden Gott kann man sich nicht restlos anvertrauen. Wer aber Gott nicht wirklich vertraut, kann auch nicht im ganz realen Alltag mit seinen manchmal unmenschlichen Lebensbedingungen erleben, wie Gott sehr konkret jeweils das möglich macht, was einem selbst unmöglich ist. Doch genau so ist das ganz normale Christenleben. Gott ist nichts als Liebe und widmet dem Menschen, der ihm vertraut, höchste Aufmerksamkeit und Wertschätzung und versorgt ihn in allen Dingen überaus freundlich und umsichtig. Um diesen Gott kennen und lieben zu lernen, müssen wir üben, ganz still zu werden, denn sein wahres Wesen enthüllt er uns nicht in lärmender Aktivität, auch wenn sie noch so gut und fromm erscheint, sondern – wie bei Elia – im »stillen, sanften Sausen«.

III. | Elias Burnout

In der Bibel wird die Geschichte des Propheten Elia erzählt. Er hat es im Namen des wahren Gottes Israels mit den Propheten des Götzen Baal aufgenommen, die unter dem Schutz der tyrannischen, menschenverachtenden Königsgattin Isebel standen. Auf dem Berg Karmel kam es zur Begegnung zwischen beiden Parteien. Elia betete um ein spektakuläres Wunder, das auch wirklich geschah. Es bewies die Realität und Macht seines Gottes; die Anrufung Baals durch dessen Verehrer blieb hingegen ohne Wirkung. Im Triumph des Sieges richtete Elia ein Blutbad unter den feindlichen Propheten an. Danach lief er dem Siegeszug voraus zur Hauptstadt. Isebel schickte ihm einen Agenten mit der Botschaft entgegen: »Die Götter sollen mir dies und das tun, wenn ich nicht morgen um diese Zeit dir tue, wie du diesen getan hast!« (1. Könige 19,2)

> »Da fürchtete er sich, machte sich auf und lief um sein Leben und kam nach Beerscheba in Juda und ließ seinen Diener dort. Er aber ging hin in die Wüste eine Tagereise weit und kam und setzte sich unter einen Wacholder und wünschte sich zu sterben und sprach: Es ist genug, so nimm nun, Herr, meine Seele; ich bin nicht besser als meine Väter. Und er legte sich hin und schlief unter dem Wacholder. Und siehe, ein Engel rührte ihn an und sprach zu ihm: Steh auf und iss! Und er sah sich um, und siehe, zu seinen Häupten lag ein geröstetes Brot und ein Krug mit Wasser. Und als er gegessen und getrunken hatte, legte er sich wieder schlafen. Und der Engel des Herrn kam zum zweiten Mal wieder und rührte ihn an und sprach: Steh auf und iss! Denn du hast einen weiten Weg vor dir. Und er stand auf und aß und trank und ging durch die Kraft der Speise vierzig Tage und vierzig Nächte bis zum Berg Gottes, dem Horeb. Und er kam dort in eine Höhle und

blieb dort über Nacht. Und siehe, das Wort des Herrn kam zu ihm: Was machst du hier, Elia? Er sprach: Ich habe geeifert für den Herrn, den Gott Zebaoth; denn Israel hat deinen Bund verlassen und deine Altäre zerbrochen und deine Propheten mit dem Schwert getötet und ich bin allein übrig geblieben, und sie trachten danach, dass sie mir mein Leben nehmen. Der Herr sprach: Geh heraus und tritt hin auf den Berg vor den Herrn! Und siehe, der Herr wird vorübergehen. Und ein großer, starker Wind, der die Berge zerriss und die Felsen zerbrach, kam vor dem Herrn her; der Herr aber war nicht im Winde. Nach dem Wind aber kam ein Erdbeben; aber der Herr war nicht im Erdbeben. Und nach dem Erdbeben kam ein Feuer; aber der Herr war nicht im Feuer. Und nach dem Feuer kam ein stilles, sanftes Sausen.« (1. Könige 19,3-12)

Danach fragt Gott ihn wieder, was er hier macht, und Elia gibt nochmals dieselbe Antwort. Daraufhin erhält er einen neuen Auftrag von Gott: Er soll einen neuen König für das Nachbarvolk der Aramäer und für Israel salben sowie seinen eigenen Nachfolger einsetzen. Außerdem teilt Gott ihm mit, dass nicht nur Elia allein, sondern 7000 weitere Israeliten ihm die Treue halten.[87]

Elia könnte auch als symbolische Gestalt verstanden werden. Er ist »gewissermaßen der Heilige der innerlich müden Menschen. Er ist der Wegweiser der verzagten Christen.«[88] Elia ist das biblische Musterbeispiel für einen ausgebrannten Gläubigen, der von Gott Heilung erfährt. Denn zwei Kapitel später stellt sich der wieder erstarkte Elia erneut mutig dem gottlosen König Ahab entgegen und konfrontiert ihn schonungslos mit seiner Untat, den gerechten Nabot ermordet zu haben, um in den Besitz seines Weinbergs zu gelangen.

Im Jakobusbrief steht, dass Elia »ein schwacher Mensch wie wir« (5,17) war. Damit sind wir eingeladen, unsere eigenen Lebens- und Glaubenserfahrungen zu denen Elias in Beziehung zu setzen.

1. Der Zusammenbruch

Wir betrachten nun der Reihe nach, was mit Elia geschieht und wie es ist, wenn *wir* in tiefe Krisen kommen.

a) Elias Gottesbild zerbricht
b) Elia wird von Angst beherrscht
c) Elias Selbstbild zerbricht

a) Elias Gottesbild zerbricht

Kurz vor dem Ziel scheint Gott ihn fallen zu lassen. Elia hat doch alles richtig gemacht; worin lag dann der Fehler? Er muss sich in *Gott* getäuscht haben.

Wir haben unsere Vorstellungen vom Leben. Wenn diese sich erfüllen, glauben wir, dass unser Leben Sinn hat. Wir glauben immer dann an Sinn, wenn sich die Puzzleteile unseres Lebens so zusammenfügen, wie sie unserer Meinung nach zusammen*gehören*. Wenn sie einfach nicht ineinander passen wollen, bezweifeln wir bald die Glaubwürdigkeit des ganzen Puzzles: Sind das überhaupt die *richtigen* Teile? Sind da vielleicht mehrere Puzzles durcheinandergeraten? Will uns da jemand einen üblen Streich spielen und uns gründlich die Lebensfreude verderben? Ist dieser »jemand« Gott?

Ob wir darüber nachgedacht haben oder nicht: Wir alle tragen den heimlichen Anspruch an Gott in uns, dass er unser Schicksal so zu gestalten hat, wie es unseren Vorstellungen entspricht. Und wenn es anders kommt, *zweifeln* wir an Gott.

Besonders dann, wenn wir sehr ernsthaft darum bemüht sind, alles richtig zu machen, geht es uns so. Dann fällt es uns besonders schwer, zu verstehen, wenn Gott unsere redlichen Bemühungen nicht bestätigt. »Warum, Gott?«, wird auch Elia wohl gefragt haben, »ich habe doch alles für dich investiert! Und doch lässt du mich nicht zum Erfolg kommen. Warum dieses

Scheitern?! Du schadest doch deiner eigenen Sache dadurch. Ich verstehe dich nicht mehr. Habe ich mich in dir getäuscht?«

b) Elia wird von Angst beherrscht

Uns ist meist nicht bewusst, dass die Mutter des Zweifels die Angst ist. Zuerst kommt die Angst in Elia auf, dann wird er an Gott und an sich selbst irre. Die Angst ist seine Versucherin. Sie flüstert ihm ein, dass er verloren hat. Sie verdunkelt seinen Blick.

Isebel blufft. Es gelingt ihr meisterhaft, Elia zu erschrecken. Das ist ihre letzte Chance. Ihre Lage ist äußerst kritisch: Weder das Volk noch Ahab, den König, hat sie im Augenblick noch auf ihrer Seite. Aber sie tritt auf, als wäre ihre Macht ungebrochen. Sie nennt einen genauen Termin für den Mord an Elia. Das sieht so aus, als hätte sie selbstverständlich auch die Mittel dazu und als hätten ihre Agenten schon begonnen, die Tat präzise zu organisieren.

Es ist meistens so: Wenn die Angst in uns zur *Herrschaft* kommt, dann gelingt es ihr, weil wir uns bluffen lassen. Wir schenken irrigen Annahmen Glauben. Wir bewerten etwas im voraus als Katastrophe, was in Wirklichkeit gar nicht so übermäßig bedrohlich ist. Oft verwechseln wir sogar Fliegen mit Elefanten.

In diesen Augenblicken vergessen wir dann auch leicht die Realität der Machtverhältnisse, zu denen wir uns als Glaubende normalerweise bekennen. Elia hatte sich gerade noch als wahrer Glaubens*held* gezeigt. Er hatte sehr handgreiflich Gottes Beistand erlebt. Gott hätte ihm auch jetzt die Kraft gegeben, standhaft Isebel zu widerstehen. Aber es ging ihm wie Petrus, als der aus dem Boot stieg und über das Wasser auf Jesus zuschritt. Er schenkte der Angst Gehör. *Darum* ging er unter, nicht, weil Gott ihn verlassen hatte.

Elia läuft weg, von der Angst getrieben. Er flieht über die Landesgrenze, um sich in Sicherheit zu bringen. Er findet damit aber nicht die Hoffnung auf einen neuen Anfang. Er ist lebensmüde und möchte eigentlich nur noch sterben.

c) Elias Selbstbild zerbricht

Die Angst ist nicht nur die Mutter des Zweifels, sondern auch der Depression. Angst hält noch in Bewegung. Aber in der Depression ist die Bewegung aufgegeben. Der Flüchtling ist erschöpft. Er fühlt sich gestellt. Er sieht keinen Ausweg mehr. Darum gibt er den Widerstand auf. Doch es ist ein widerwilliges Aufgeben. Depressive Menschen wirken oft sanft, geduldig und ergeben, aber es ist ein Stachel bitterer Aggression in ihnen. Selten richten sie ihn nach außen, häufig aber nach innen, gegen sich selbst, bis zum Suizid. Sie sind durchaus noch nicht bereit, den erlittenen Verlust auch wirklich anzunehmen.

Elias Gebet verrät seine Einstellung: »Lass mich sterben! Ich bin nicht besser als meine Vorfahren.« Er hatte also den Anspruch an sich, *besser* zu sein als alle, die vor ihm waren!

Einerseits brauchen wir das Idealbild von uns selbst als Wachstumsziel, um voranzukommen. Aber wenn es überhöht ist und wir unseren Wert davon abhängig machen, es unbedingt und zu jeder Zeit erfüllen zu müssen, dann bringen wir uns nicht nur unter unbarmherzigen Leistungsdruck, sondern wir verzweifeln auch, wenn wir es nicht schaffen.

Elia war ein schwacher Mensch wie wir. Ich finde es tröstlich, dass die Bibel uns ihre vermeintlichen »Stars«, die »Glaubenshelden«, so präsentiert. Im Neuen Testament ist Petrus das deutlichste Beispiel. Aber auch Paulus musste mühsam lernen, sein Selbstbild zu korrigieren. Ihm ging es anscheinend ganz ähnlich wie Elia.[89] Zunächst wehrte er sich gegen die Erfahrung der starken Einschränkung seiner eigenen Möglichkeiten, Gutes zu tun. Aber dann erkannte und bejahte er, dass Gottes Kraft gerade in der eigenen Schwachheit zur Entfaltung kommen kann und will.

Die Eliageschichte zeigt einen Weg aus dem Burnout auf. Er besteht aus folgenden Schritten:[90]

- Ausruhen und zu Kräften kommen
- Distanz gewinnen
- Gott neu begegnen
- neue, begrenzte Aufgaben finden
- Verantwortung abgeben

a) Elia ruht aus und kommt zu Kräften

Als Elia nur noch sterben will, kommt der Engel und tröstet ihn. Er macht ihm keine Vorhaltungen, sondern er gibt ihm, was ihm guttut. Er fordert von Elia zunächst einmal nichts anderes, als zu essen und zu trinken: frisches Wasser und geröstetes Brot. Ich weiß nicht, ob Elia sich darüber gefreut hat. Vielleicht hat er sogar ärgerlich reagiert. Der Engel stört empfindlich seine Traurigkeit. Elia ist nicht hier, um es sich gut gehen zu lassen, sondern um zu *sterben*! Der Engel soll ihm gefälligst das *Grab* schaufeln, statt ihm ein schmackhaftes Frühstück zu richten!

Was so einfach aussieht, kann so schwer sein. Völlig Ausgebrannte empfinden es oft als quälende Mühe, sich selbst wieder etwas Gutes zu gönnen. Elia kann nicht liegen bleiben, wenn er essen will. Er muss Brot und Becher in die Hand nehmen, abbeißen, kauen, schlucken. Das geht ihm alles gewaltig gegen den Strich, weil ihm jede Bewegung, die er ausführt, wie Hochverrat an der Entschlossenheit vorkommt, sein Leben zu verneinen. Indem er sich helfen lässt, bejaht er das Leben. Hier fängt seine Heilung an.

Es kommt, wie es kommen muss. »Steh auf!«, sagt der Engel. Das ist der zweite Schritt der Therapie. Aufstehen bedeutet:

sich aufrichten, aufrichtig werden, wieder einen Standpunkt finden, standhaft werden. Aufstehen ist Aufstand, Widerstand gegen das, was niederdrückt. Aufstehen ist Auf*sehen*, neue Orientierung, Ausschau nach neuen Zielen.

»Du hast einen weiten Weg vor dir«, sagt der Engel. Es braucht Zeit, bis Elia wieder zu sich findet. Um den Burnout hinter sich zu lassen, muss er sein Bild von sich selbst und von Gott so verändern, dass es für ihn wieder stimmig ist. Dieser weite Weg ist noch nicht der neue Auftrag. Der erwächst zwar daraus, aber zunächst haben nicht die neuen Lebensziele Vorrang, sondern die Einkehr.

Sie beginnt mit der *Ab*kehr. Dazu hilft der Schlaf. Wer einschläft, lässt los. Er vergisst sich selbst, er kommt zur Ruhe. Er zerrt nicht mehr an den Ketten. Als Petrus angekettet im Gefängnis liegt, begegnet ihm der Befreiungsengel, der die Ketten zerreißt und ihn wie einen Traumwandelnden herausführt, im Schlaf.[91] »Seinen Freunden gibt er es im Schlaf«[92] und »wenn der Herr die Gefangenen Zions erlösen wird, werden wir sein wie die Träumenden.«[93] Vielleicht kommt es nicht von ungefähr, dass diese beiden Verse in zwei Psalmen stehen, die unmittelbar aufeinanderfolgen.

b) Elia gewinnt Distanz und lernt Gott anders kennen

Weil Elia seine Entscheidung für den Tod revidierte und sich stärken ließ, ist sein neuer Weg in die Einkehr nicht mehr von der Depression bestimmt. Darum kann er ihn überhaupt gehen. Sonst wäre ihm jeder Schritt zu schwer. Er geht nicht mehr widerwillig, er sucht aktiv. Die Einkehr braucht ihre Zeit. Sie passt an das *Ende* einer Depression. Wer noch nicht Kraft und Willen hat, aktiv und gern Gott und sich selbst zu suchen, erfährt in der Stille nicht Entlastung, sondern noch größere Bedrückung. Er grübelt sich zu Tode.

Elias Einkehr hat Struktur. Gott schenkt sie ihm. Die 40 Tage und Nächte sind ein Erinnerungszeichen an den Weg, den Gott 40 Jahre lang mit Mose und Israel durch die Wüste ging. Gott sorgte für die Seinen und brachte sie mit großer Geduld ans Ziel. Elia hangelt sich an der Geschichte Gottes mit Israel entlang, um wieder für sich selbst zu lernen, wie Gott ist und welche Wege er die Glaubenden führt. Darum geht er auch zum Horeb, dem Ort, an dem Gott Mose ganz persönlich sehr, sehr nahe kam. Elia ahnt, dass dort auch für ihn der Ort des neuen Anfangs sein kann.

Gott offenbart sich ihm. Mose war einst von Gott in das Auge des Sturms hineingenommen worden. Aber Elia kennt Gott bis jetzt nur von außen. Darum denkt er, dass Gottes *Wesen* Sturm ist. So denken viele Menschen, die Gott nur von außen kennen. Bis Elia Gott von innen kennenlernt, denkt er auch so. Er hat geglaubt, dass dieser Gott im Sturm gerecht ist. Er werde schon wissen, was er tut. Er werde die Gerechten belohnen und die Bösen bestrafen. Nun ist dieses Gottesbild zerbrochen.

Gott offenbart sich ihm. Elia lernt: Gott ist nicht der Todbringer, sondern er ist der Lebensspender. Gott ist, wo das *Leben* ist. Das Leben ist, wo die *Liebe* ist. Das Leben und die Liebe gehen stille, weite Wege. Sie brauchen Zeit und haben Zeit. Darum brauchen sie auch Geduld. Sie drängen sich nicht auf. Sie poltern nicht daher. Sie können übersehen werden. Wer sucht, der findet. Wer nicht sucht, lernt Gott auch nicht von innen kennen.

Wo das Leben und die Liebe sind, da sind auch das Vertrauen und die Hoffnung. »Wie ein Raunen im Innersten des Menschen« sei die Hoffnung, sagt Søren Kierkegaard.[94] »Wie ein Vogel, der singt, wenn es noch Nacht ist«, sei der Glaube, sagt ein Sprichwort. Die Stimmen der Angst sind so viel lauter...

Darauf zielt Gottes Weg mit Elia hin: Elia lernt Gott von innen kennen. Er versteht, dass im Herzen Gottes nichts als Liebe ist und dass diese Liebe nichts liebt als allein das Leben.

c) Elia bekommt einen begrenzten Auftrag und gibt Verantwortung ab

Nun ist Elia ein neuer Mensch und Gott *sendet* ihn neu. Die Welt ist *nicht* anders geworden, als Elia Gott begegnete, und der neue Auftrag knüpft am alten an. Der blutige Kampf um die Befreiung Israels von der Unterdrückung geht weiter, und er geht so unmenschlich und grausam weiter, wie wir Menschen leider sind.

Gott entlastet Elia. Er sorgt dafür, dass ein anderer vollendet, was Elia selbst nicht schaffte. Dieser andere ist auch von einem anderen Schlag als Elia. Ein Draufgänger, ein Furchtloser. Jehu heißt er. Auch Jehu wird in die Hauptstadt und vor Isebels Palast ziehen. Er wird sich *nicht* aufhalten lassen und erfahren, dass sich selbst Isebels Leibwache von ihr losgesagt hat und sie ihm ausliefern wird.

Gott tröstet Elia, indem er ihm die Augen dafür öffnet, dass es Hoffnung gibt im Land, viele Glaubende, die er bisher übersah, weil er mehr auf die lauten als auf die leisen Töne hörte. Gott hat das wachsen lassen. Im Verborgenen bereitete er längst die Erneuerung vor.

Und Gott bestimmt einen Nachfolger für Elia. Nun darf Elia loslassen. So wie Gott damals, in den 40 Wüstenjahren Israels, die Kontrolle nicht verlor, so wird es auch jetzt sein. Gott selbst wird das ersehnte Neue schaffen. In vielen schwachen Glaubenden wird seine Kraft wirksam sein und zum guten Ziel kommen.

Manche Ausleger sind der Ansicht, dass Elia in dieser Geschichte bereits alt sei. Dann würden diese neuen Weisungen auch bedeuten, dass er sein Leben sinnvoll zu Ende bringen darf. Alles, was ihm auf dem Herzen lag, findet seine gute Ordnung. Er hat Frieden mit Gott und sich selbst. Er darf sich getrost zur Ruhe begeben.

IV. | Tipps und Literaturhinweise

Eine abschließende Übung zur persönlichen Meditation[95]

Die folgende Übung ist eine Einladung, Ihr Leben zu überdenken, Ihre persönlichen Ziele (wieder) zu finden und Ihnen
zu einem Weg aus einer Burnout-gefährdeten Situation zu
verhelfen:

Setzen Sie sich in einen bequemen Sessel. Denken Sie bitte
jetzt nicht an die Dinge, die Sie noch erledigen wollen, das
kann später geschehen (notieren Sie sich dies vorher noch auf
einem Extrazettel, damit der Kopf frei davon ist). Versetzen
Sie sich gedanklich in folgende Situation:

Vor Ihrem geistigen Auge sehen Sie die Feier Ihres 80. Ge-
burtstages. Sie betreten den wunderschön dekorierten Raum
und empfinden große Freude über das Fest, das Ihre Lieben,
Ihre Freunde und Mitstreiter aus allen Lebensbereichen für
Sie vorbereitet haben.

Sie sehen die erwartungsvollen Gesichter von lieben Kollegen, Freunden und Angehörigen.

Alle diese Menschen sind gekommen, um Ihnen zu gratulie-
ren, Ihnen Liebe und Anerkennung für Ihre bisherigen Leistungen auszusprechen. Sie stammen aus Lebensbereichen und
-phasen Ihrer vergangenen 80 Jahre – als Vater oder Mutter,
als Lehrer, als Freund, als Manager, als Kollege, als ehrenamt-
licher Helfer im Dienste der Allgemeinheit. Sie haben diese
Rollen und Aufgaben nach besten Kräften erfüllt.

Vier dieser Menschen halten jetzt eine kurze Ansprache:

- Der Erste ist jemand aus Ihrer Familie, der engen oder auch weiteren – Kinder, Brüder, Schwestern, Nichten, Neffen, Tanten, Onkel, Cousinen und Vettern, die aus dem ganzen Land angereist sind, um mit Ihnen zu feiern.
- Der zweite Sprecher ist einer Ihrer Freunde. Jemand, der einen Eindruck davon vermitteln kann, wie Sie als Persönlichkeit sind.
- Der dritte Sprecher stammt aus Ihrer Berufswelt.
- Der vierte Sprecher kommt aus einer Organisation – z. B. dem Verein, bei dem Sie sich engagiert haben.

Nun denken Sie bitte intensiv nach – und lassen Sie sich dabei genügend Zeit:

- Zentrale Frage: Was würden Sie von jedem der Redner gern über sich und Ihr Leben hören?
- Welche Art von Familienmitglied: Ehepartner, Vater oder Mutter sollen die Worte beschreiben? Welche Art von Sohn, Tochter, Vetter oder Cousine? Welche Art von Freund? Welche Art von Kollege?
- Welchen Charakter sollen die Reden beschreiben?
- An welche Beiträge und Leistungen sollen sie erinnern?

Schauen Sie sich die Anwesenden sorgfältig an. Was hätten Sie gerne zu deren Leben beigetragen?

Jetzt nehmen Sie sich bitte einige Minuten Zeit. Schließen Sie Ihre Augen und stellen sich diese vier Reden vor!

In dieser Übung haben Sie einen Moment lang Ihre tiefen fundamentalen Werte berührt. Sie haben kurzen Kontakt zu dem inneren Führungssystem im Herzen Ihres Einflussbereiches aufgenommen. Sie haben Ihr jetziges Tun im Kontext des Ganzen, also ihres gesamten Lebens, betrachtet. Dadurch erkennen Sie, was Ihnen wirklich wichtig und wesentlich ist.

Sie verlassen jetzt die schöne Feier, Sie gehen zurück in Ihre Wohnung – zurück in das Hier und Jetzt. Jetzt haben Sie durch die kurze Meditation ein Fundament, auf dem Sie Ihr persönliches Lebenskonzept aufbauen können.

Beantworten Sie sich folgende neun Fragen:

- Was ist das absolut Wichtigste, das ich in meinem Leben erreichen will?
- Was macht mich im tiefsten Inneren zufrieden und glücklich?
- Haben diese Dinge etwas mit Geld oder anderen materiellen Dingen zu tun?
- Womit verbringe ich die meiste wertvolle Zeit in meinem Leben?
- Wo sind meine Talente, mit denen ich Erfolg und private Erfüllung haben bzw. aufbauen kann?
- Was hat mir in der Vergangenheit (z. B. Jugendzeit) Freude gemacht?
- Welche (Lebens-)Lügen glaube ich?
- Was kann ich weniger gut und wovon sollte ich besser die Finger lassen?
- Wann und wodurch finde ich innere Ruhe?

Wenn Sie schon heute das »Ende« im Hinterkopf behalten, können Sie sicherstellen, dass nichts, was sie tun, die Kriterien verletzt, die Ihnen wirklich wichtig sind. Dann ist jeder Tag ein wertvoller Beitrag zu der Vision, die Sie von Ihrem Leben als Ganzem haben.

Christliche Therapie, Beratung und Seelsorge im Internet

- *Der Beratungsführer*
  http://www.derberatungsfuehrer.de
- *C-STAB*
  http://www.c-stab.de
- *Arbeitsgemeinschaft Christlicher Lebenshilfen (ACL)*
  http://www.acl-deutschland.de
- *Klinik Hohe Mark, Oberursel*
  http://www.hohemark.de
- *De'Ignis Klinik, Egenhausen*
  http://www.deignis.de
- *Klinik SGM, Langenthal (Schweiz)*
  http://www.klinik-sgm.ch
- *Klinik Sonnenhalde, Riehen (Schweiz)*
  http://www.sonnenhalde.ch

Burnout

Internet
- *Hilfe bei Burnout*
  www.hilfe-bei-burnout.de
- *Netzwerk BurnOutNet, Österreich*
  members.aon.at/possnigg/pages/burnout/indexb-o.htm
- *Swissburnout, Schweiz*
  www.swissburnout.ch
- *Poolalarm: Burn-out-Syndrom*
  http://www.poolalarm.de/gesundheit/index.htm

- *sprechzimmer.ch: Burnout-Syndrom*
  http://www.sprechzimmer.ch/sprechzimmer/Krankheits-
  bilder/Burnout_Syndrom.php
- *Präventionsportal Mobbing und Burnout*
  http://mobbing-und-burnout.sozialnetz.de

Literaturempfehlungen

- Matthias *Burisch*, Das Burnout–Syndrom, Berlin: Springer 1989
- Cary *Cherniss*, Jenseits von Burnout und Praxisschock: Hilfen für Menschen in lehrenden, helfenden und beratenden Berufen, Weinheim: Beltz 1999
- Sabine *Fabach*, Burn-out: Wenn Frauen über ihre Grenzen gehen, Zürich: Orell Füssli 2007[2]
- Jörg *Fengler*, Helfen macht müde: Zur Analyse und Bewältigung von Burnout und beruflicher Deformation, München: Pfeiffer 1991
- Burkhard *Flosdorf,* Berufliche Belastung, Religiosität und Bewältigungsformen, Würzburg: Echter 1998
- Martin *Grabe*, Zeitkrankheit Burnout: Warum Menschen ausbrennen und was man dagegen tun kann, Marburg: Francke 2006[2]
- Andreas von *Heyl,* Zwischen Burnout und spiritueller Erneuerung, Frankfurt: Europäischer Verlag der Wissenschaft 2003
- Andreas *Hillert*, Das Anti-Burnout-Buch für Lehrer, München: Kösel 2006[2]
- *ders.*/Michael *Marwitz*, Die Burnout-Epidemie oder Brennt die Leistungsgesellschaft aus?, München: C.H. Beck 2006
- Helmut *Kolitzus*, Das Anti – Burnout Erfolgsprogramm, München: dtv 2004
- Gabriele *Kypta*, Burnout erkennen, überwinden, vermeiden, Heidelberg: Carl-Auer-System-Verlag 2006

- Michael P. *Leiter*/Christina *Maslach*, Burnout erfolgreich vermeiden: Sechs Strategien wie Sie Ihr Verhältnis zur Arbeit verbessern, Wien/New York: Springer 2007
- Klaus *Merg*/Torsten *Knödler*, Überleben im Job, Heidelberg: Redline Wirtschaft 2007[2]
- Eckhart H. *Müller-Timmermann*, Ausgebrannt: Wege aus der Burnout-Krise, Freiburg: Herder 2004 (vollständig neubearbeitete Ausgabe; Erstausgabe 1994)
- Dietmar *Pfennighaus*, Desillusionierung im Beruf: Ein Konstrukt in der Burnout-Forschung, Marburg: Tectum 2000 (Dissertation)
- Ayala M. *Pines*/Elliot *Aronson*/Ditsa *Kafry*, Ausgebrannt: Vom Überdruss zur Selbstentfaltung, Stuttgart: Klett-Cotta: 2000[9]
- Dagmar *Ruhwandl*, Erfolgreich ohne auszubrennen: Das Burnout-Buch für Frauen, Stuttgart: Klett-Cotta 2007
- Wolfgang *Schmidbauer*, Helfen als Beruf: Die Ware Nächstenliebe, Reinbek: Rowohlt 1992[2]
- *ders.*, Helfersyndrom und Burnout-Gefahr, München/Jena: Urban & Fischer 2002

Stressmanagement

Internet
- *ArbeitsRatgeber*
  http://www.arbeitsratgeber.com/worklifebalance_0211.html
- *Focus 02/07, »Wenn Stress krank macht« (Dossier)*
  http://www.focus.de/jobs/berufsalltag/stressbewaeltigung
- *stress-kurs.de*
  http://www.stress-kurs.de
- *WenigerStress.de*
  http://www.wenigerstress.de/Literatur

Literatur

- Guy *Bodenmann*, Stress und Coping bei Paaren, Göttingen: Hogrefe 2000
- *ders.*, Stress und Partnerschaft: Gemeinsam den Alltag bewältigen, Hans Huber: Göttingen, 2004[3]
- Rolf *Beitenstein*, Wenn Männer zu viel arbeiten: Rausch, Ritual, Ruin, München: Wirtschaftsverlag Langen Müller/ Herbig 1990
- Manfred *Cassens*, Work-Life-Balance: Wie Sie Berufs- und Privatleben in Einklang bringen, München: Beck 2003
- Mihaly *Csikszentmihalyi,* Lebe gut! Wie Sie das Beste aus Ihrem Leben machen, München: dtv 2001
- William C. *Dement/*Christopher *Vaughan,* Der Schlaf und unsere Gesundheit: Schlafstörungen, Schlaflosigkeit und die Heilkraft des Schlafs, Bergisch Gladbach: Bastei Lübbe 2002[1]
- Hannelore *Fritz,* Besser leben mit Work-Life-Balance: Wie Sie Karriere, Freizeit und Familie in Einklang bringen, Frankfurt/M.: Eichborn 2003
- Jens *Gaab/*Ulrike *Ehlert*, Chronische Erschöpfung und Chronisches Erschöpfungssyndrom, Göttingen: Hogrefe 2004
- Paul *Meier/*Frank *Minirth*, Der Stress-Faktor: Durchatmen, bevor es zu spät ist, Marburg: Francke 2002
- Klaus *Merg/*Torsten *Knödler*, Überleben im Job, Heidelberg: Redline Wirtschaft 2007[2]
- Werner *Küstenmacher/*Lothar J. *Seiwert*, Simplify your life: Einfacher und glücklicher leben, Frankfurt/M.: Campus 2007[16]
- Lothar J. *Seiwert*, 30 Minuten für deine Work-Life-Balance, Offenbach: Gabal 2003[7]
- *ders.*, Das Bumerang-Prinzip: Mehr Zeit fürs Glück, München: dtv 2004

- *ders.*, Wenn du es eilig hast, gehe langsam. Mehr Zeit in einer beschleunigten Welt, Frankfurt/New York: Campus 2005
- Martin *Seligman*, Pessimisten küsst man nicht: Optimismus kann man lernen, München: Droemer Knaur 2001
- Hans *Selye*, Stress – Lebensregeln vom Entdecker des Streß-Syndroms, Reinbek: Rowohlt 1977
- Hans-Arved *Willberg*, Das ABC der positiven Lebenseinstellung: Endlich Schluss mit finsteren Gedanken!, Witten: R. Brockhaus 2007
- *ders.*, Einfach entspannt: Das Wohlfühlprogramm nach Jacobson, Holzgerlingen: Hänssler 2007[2]
- *ders.*, Mach das Beste aus dem Stress: Wie Sie Ihr Leben ins Gleichgewicht bringen, Wuppertal: R. Brockhaus 2006

Praxisadresse des Autors

- Hans-Arved Willberg
  Life Consult
  Hermann-Weick-Weg 1
  D-76 229 Karlsruhe
  www.life-consult.org
  Trainings, Coaching, Supervision, Organisationsberatung und Personalentwicklung, Vorträge und Seminare

Interessieren Sie sich für eine Ausbildung zum Seelsorger oder einen akademischen Abschluss in »Pastoral Counseling« oder für spezielle Kurse zu Themen wie Burnout?

- Institut für Seelsorgeausbildung (ISA)
  Seelsorgeinstitut des Martin Bucer Seminars (MBS)
  Leiter: Hans-Arved Willberg
  www.isa-institut.de
  www.bucer.de

Anmerkungen

[1] nach Andreas *von Heyl,* Zwischen Burnout und spiritueller Erneuerung, Frankfurt: Europäischer Verlag der Wissenschaft 2003,
S. 16–17

[2] ab Stufe 3, s. unten Tabelle »Die fünf Stufen des Burnout-Syndroms«

[3] Matthias Burisch, »Ausgebrannt, verschlissen, durchgerostet«,
in: *Psychologie heute* 9/1994, S. 23

[4] Ayala M. *Pines*/Elliot *Aronson*/Ditsa *Kafry*, Ausgebrannt: Vom
Überdruß zur Selbstentfaltung, Stuttgart: Klett-Cotta 1991[6], S. 33

[5] ebd. S. 206

[6] ebd. S. 208

[7] Eckhardt H. *Müller*, Ausgebrannt: Wege aus der Burnout-Krise,
Freiburg/Basel/Wien: Herder 2002[8], S. 44

[8] A.M. *Pines*, a. a. O., S. 33

[9] Martin *Grabe*, Zeitkrankheit Burnout: Warum Menschen ausbrennen und was man dagegen tun kann, Marburg: Francke 2006[2],
S. 37

[10] nach Klaus *Merg*/Torsten *Knödler*, Überleben im Job, Heidelberg:
Redline Wirtschaft 2007[2], S. 122–124

[11] Eine Übersicht historisch bedeutsamer Phasentheorien findet
sich in: Matthias *Burisch*, Das Burnout–Syndrom, Berlin: Springer
1989, S. 19

[12] Wolfgang *Schmidbauer*, Helfersyndrom und Burnout-Gefahr, Mün-
chen/Jena: Urban & Fischer 2002, S. 15–17

[13] nach *Merg*//*Knödler*, a. a. O., S. 91f

[14] H. *Dilling* et al. (Hg.)/*Weltgesundheitsorganisation*, Internatio-
nale Klassifikation psychischer Störungen: ICD-10, Kapitel V (F).
Klinisch-diagnostische Leitlinien, Bern: Hans Huber 1993[2], S. 194
(F 48.1)

[15] im Anschluss an Michael *Lauderdale*, Burnout: Strategies for
Personal and Organizational Life: Speculations on Evolving Para-
digms, Austin: Pfeiffer & Co. 1981

[16] E.H. *Müller,* a. a. O., S. 17f

[17] Nach E.H. *Müller*, a. a. O., S. 19f und A.M. *Pines*, a. a. O., S. 49f und
235f

[18] Einen Überblick der gebräuchlichsten wissenschaftlichen Burnout-
Tests liefert *von Heyl* , a. a. O., S. 51ff

[19] Hans-Peter *Unger*, »Eigensinn schützt«, in: *Psychologie heute* 3/2007, S. 42

[20] E.H. *Müller*, a.a.O., S. 34

[21] Andreas *Hillert*, Das Anti-Burnout-Buch für Lehrer, München: Kösel 2006², S. 28

[22] ebd. S. 70

[23] ebd. S. 53

[24] ebd. S. 55

[25] Ursula *Nuber*, »Die öffentliche Stimmungsmache gegen Lehrer muss aufhören«, in: *Psychologie heute* 10/2006, S. 16

[26] ebd.

[27] Ursula *Nuber*, »Frühzeitige Kapitulation«, in: *Psychologie heute* 5/2006, S. 14

[28] Joachim *Bauer*, »Ein Lehrer kann seine Schüler nicht einfach entlassen, wenn sie ihm nicht passen«, in: *Psychologie heute* 1/2004, S. 34

[29] U. *Nuber*, »Kapitulation«, a.a.O.

[30] A. *Hillert*, a.a.O., S. 135

[31] Thomas *Saum-Aldehoff*, »Nervenschwache Lehrkräfte«, in: *Psychologie heute* 1/1998, S. 10

[32] A. *Hillert*, ebd.

[33] U. *Nuber*, »Kapitulation«, S. 14

[34] Zur Unterscheidung der Bedürfnistypen s. Hans-Arved *Willberg*, Mach das Beste aus dem Stress: Wie Sie Ihr Leben ins Gleichgewicht bringen, Wuppertal: R. Brockhaus 2006, S. 25–30

[35] Wolfgang *Schmidbauer*, Helfen als Beruf: Die Ware Nächstenliebe, Reinbek: Rowohlt 1992², S. 10f

[36] ebd. S. 25

[37] W. *Schmidbauer*, Helfersyndrom, S. 27f

[38] A.M. *Pines*, a.a.O., S. 60

[39] ebd. S. 64

[40] Fritz *Riemann*, Grundformen der Angst: Eine tiefenpsychologische Studie, München/Basel: Ernst Reinhardt 1992

[41] ebd. S. 59

[42] ebd. S. 62

[43] ebd. S. 62f

[44] ebd. S. 63

[45] ebd. S. 65

[46] ebd. S. 66

[47] ebd. S. 71

[48] ebd. S. 83

[49] ebd. S. 87

[50] ebd. S. 90

[51] Reinhold *Ruthe*/Lydia *Münzberger,* Typen und Temperamente: Die vier Persönlichkeitsstrukturen, Moers: Brendow 2004[4], S. 60

[52] ebd. S. 61

[53] ebd. S. 64

[54] ebd. S. 66

[55] ebd. S. 68f

[56] W. *Schmidbauer*, Helfersyndrom, S. 1

[57] ebd. S. 14

[58] E.H. *Müller*, a.a.O., S. 38

[59] Sabine *Fabach*, Burn-out: Wenn Frauen über ihre Grenzen gehen, Zürich: Orell Füssli 2007[2], S. 52

[60] E.H. *Müller*, a.a.O., S. 39

[61] W. *Schmidbauer*, Helfersyndrom, S. 18

[62] Wilfried *von Eiff*, Führung und Motivation in Krankenhäusern: Perspektiven und Empfehlungen für Personalmanagement und Organisation, Stuttgart: W. Kohlhammer 2000, S. 19

[63] Matthias *Lukacik*, »Wenn die Routine gestört wird«, in: *Psychologie heute* 2/2007, S. 15

[64] A.M. *Pines*, a.a.O., S. 113

[65] nach *Merg/Knödler*, a.a.O., S. 93f (modifiziert)

[66] A.M. *Pines*, a.a.O., S. 19

[67] S. *Fabach*, a.a.O., S. 112

[68] A. *Hillert*, a.a.O., S. 218

[69] Eine genaue Beschreibung und Anleitung mit Übungs-CD finden Sie in Hans-Arved *Willberg*, Einfach entspannt: Das Wohlfühlprogramm nach Jacobson, Holzgerlingen: Hänssler 2007[2]

[70] nach Stanley *Coren*, »Haben Sie Schlaf-Schulden?«, in: *Psychologie heute* 1/1998, S. 57

[71] nach *Merg/Knödler*, a.a.O., S. 262f in Auswahl

[72] M. *Grabe*, a.a.O., S. 59

[73] Es gibt Ausnahmen, wo Menschen intuitiv spüren, dass sie nicht aufgeben sollen, obwohl aus menschlicher Sicht keine Aussicht auf Veränderung besteht. Es ist aber unzulässig, daraus ein Gesetz des prinzipiellen »Darunterbleibens« zu folgern. Es ist zu befürchten, dass unzählige Burnouts durch falsche Hoffnungen

entstehen, die viel zu lange aufrechterhalten werden. Glaubende Menschen sind an dieser Stelle besonders gefährdet.

[74] M. *Lukacik*, a.a.O., S. 15

[75] Traugott Ulrich *Schall*, Heilung gegen Verzagtheit: Von der »Elias-müdigkeit«, der Versuchung dazu und ihrer Heilung, Fremdingen: Unio 2003, S. 24

[76] A.M. *Pines*, a.a.O., S. 142

[77] ebd. S. 155

[78] ebd. S. 161

[79] nach *Merg/Knödler*, a.a.O., S. 251–253

[80] nach A. *Hillert*, a.a.O., S. 201

[81] S. *Fabach*, a.a.O., S. 85

[82] W. *Schmidbauer*, Helfersyndrom, S. 7

[83] ebd. S. 166ff

[84] zit. in: Elisabeth C. *Gründler*, »Verantwortung statt Hierarchie«, in: *Psychologie heute* 7/1998, S. 48

[85] Eine systematische Anleitung dazu findet sich in Hans-Arved *Willberg*, Das ABC der positiven Lebenseinstellung: Endlich Schluss mit finsteren Gedanken!, Witten: R. Brockhaus 2007

[86] A.M. *Pines*, a.a.O., S. 13

[87] 1. Könige 19,14–18

[88] T. U. *Schall*, a.a.O., S. 14

[89] Vgl. 2. Korinther 12,7-10

[90] nach T.U. *Schall*, Heilung, S. 28

[91] Apostelgeschichte 12,5ff

[92] Psalm 127,2b

[93] Psalm 126,1b

[94] Søren *Kierkegaard*, Christliche Reden 1848, in: Gesammelte Werke, 20. Abt., Gütersloh: Gütersloher Verlagshaus 1981, S. 115

[95] nach *Merg/Knödler*, a.a.O., S. 258f